HAUSBAR

DRINKS MIXEN WIE DIE PROFIS

★

THOMAS HENRY

MIT FOTOGRAFIEN VON KATJA HIENDLMAYER

riva

BETTER DRINKS BETTER DRINKING

WILLKOMMEN IN DER HAUSBAR

★

Die Geschichte des Cocktails und der Bar ist von vielen Mythen umrankt. Denn obwohl es sich bei beiden um Phänomene der jüngeren Geschichte handelt, streiten sich Experten noch immer, woher der Name Cocktail überhaupt kommt. Leitet sich das Wort vom französischen »coqueter« (kokettieren) ab? Wurde es bei Hahnenkämpfen geprägt, bei denen der Gewinner den Siegestrunk mit einer Schwanzfeder des besiegten Gockels schmückte (»cock« – Hahn / »tail« – Schwanz)? Oder hat man bei der Namensfindung anzüglich an die Stärkung der »Manneskraft« gedacht?

Genauso ist es möglich, dass der Name aus der Pferdezucht stammt. Zugpferden im 18. und 19. Jahrhundert hat man gerne die Schwänze aus praktischen Gründen gestutzt, so dass diese sich wie ein Hahnenschwanz aufrichteten. Jene in der Regel nicht reinrassigen Arbeitstiere nannte man daher »cock-tailed«. Der Begriff setzte sich im Pferdesport als Synonym für gemischte Rassen durch. Ein Cocktail könnte daher auch der Drink sein, den man nicht »reinrassig«, sondern mit anderen Zutaten gemischt trinkt. Manche Historiker wiederum verweisen auf den Hahn, der im Dorf früh lauthals den Morgen begrüßt. Denn anders als heute wurden um 1800, als der Begriff in den damaligen Medien erstmalig die Runde machte, Cocktails noch vor dem Frühstück direkt nach dem Aufstehen getrunken. Spirituosen, mit Wasser verlängert, mit Zucker gesüßt und mit Bitters verfeinert. Ein Cocktail galt zu dieser Zeit als Heiltonikum, sollte für den Tag stärken, Krankheiten besiegen, Energie freisetzen und wurde damals von Ärzten und Apothekern wie heute Aspirin verschrieben. Welche Geschichte nun wirklich stimmt? Man weiß es bis heute nicht.

Bier und Wein tranken Menschen schon 3 000 Jahre vor Christus. Spirituosen galten seit jeher aber eher als Mittel der Alchemie und Pharmazie. Alkohol ist eine hervorragende Trägersubstanz für Pflanzenextrakte und andere Heilmittel – eine Methode, die in der Traditionellen Chinesischen Medizin noch immer zum Einsatz kommt. Ab dem 18./19. Jahrhundert machte die Destillation große technische Fortschritte: So wurde die Produktion günstiger, und Spirituosen hielten immer mehr Einzug in den Alltag der Menschen. Um 1830 kamen Cocktails schließlich auch in der Beletage an und wurden somit sprichwörtlich salonfähig. Dass Alkohol neben medizinischen auch gesellige und anregende Wirkungen haben kann, war zu der Zeit klassenübergreifend kein Geheimnis mehr. ——»

» Dass man Spirituosen zunächst verdünnt mit Wasser und Zucker zu sich nahm, lag zumeist daran, dass die Destillate jener Zeit sehr hochprozentig, handwerklich schlecht ausgeführt und pur quasi ungenießbar waren. Seefahrer tranken ihren Rum nicht ohne Grund als Grog – mit heißem Wasser und Zucker gestreckt. Und schon im 16. Jahrhundert sollen mexikanische Agavenbauern ihren Tequila mit fermentiertem Limettensaft und Salz versetzt zu sich genommen haben. Erst mit der Zeit entwickelten sich Spirituosen zu den ausgeklügelt raffinierten und auch pur genießbaren Produkten, wie man sie heute kennt.

Damit der Cocktail zum schimmernden Helden der Nacht werden konnte, bedurfte es allerdings der industriellen Revolution. Durch diese entstanden nämlich nicht nur zahlreiche Städte, in denen sich Menschen nach der harten Fabrikarbeit nach Unterhaltung sehnten. Das Aufkommen der Elektrizität konnte den Tag durch Beleuchtung künstlich verlängern, und Strom ermöglichte zudem die Produktion und Kühlung von Eis. Ein kostbares Gut, das zuvor noch von Gletschern händisch abgetragen werden und viele Meilen reisen musste, um in die Städte zu gelangen. Ein Wunder der damaligen Technik. So entstanden die ersten Bars, und Eis ist bis heute wesentlicher Bestandteil der meisten Drinks. Die damaligen Pioniere hinter dem Tresen schufen zahlreiche Klassiker, die bis heute bekannt sind, und machten den Cocktail zu dem, wie man ihn dieser Tage kennt und definiert. Aus dem bitteren Heiltrank wurden liquide geschmackvolle Kompositionen, die zum elementaren Bestandteil der Food- und Gastronomiekultur avancierten und durchaus Potenzial zum Kunstwerk haben.

Der Rest ist bekanntlich Geschichte. Im 20. Jahrhundert entwickelten sich Bar-Kulturen auf der ganzen Welt. Der wachsende Tourismus und der blühende globale Handel brachten nach dem Zweiten Weltkrieg Produkte und Einflüsse aus aller Welt nach Europa. Cocktails wurden zum dauerhaften Trend und Teil der Popkultur: James Bonds Martini ab den 60ern, die Piña Colada, die nicht nur von Rupert Holmes in die Charts gesungen wurde, oder der White Russian aus »The Big Lebowski« und der Cosmopolitan seit »Sex and the City«. Die Liste lässt sich praktisch endlos fortsetzen. In der hiesigen Cocktailwelt dominierten lange Drinks, die Ferne und Urlaub suggerierten. Daiquiri, Margarita oder der brasilianische Caipirinha sollten auch in Berlin und Basel für tropisch-karibische Gefühle sorgen, so die Hoffnung. Da war man sich sogar für kleine Sonnenschirme aus dem Eiscafé als Deko nicht zu schade.

Im 21. Jahrhundert hat sich die Bar-Kultur noch mal radikal weiterentwickelt. Eine neue Generation talentierter Bartender hat alte Techniken und Rezepte wiederbelebt. Dabei stand zunächst die Rückbesinnung auf klassische Werte im Vordergrund. Zutaten wie Sirups, Bitters und Infusionen wurden wieder selbst hergestellt, und man setzte vermehrt auf saisonale und regionale Produkte. So finden sich statt wie früher Kokos und Ananas immer häufiger Rote Bete, Apfel und lokale Wildkräuter in den Drinks guter Bars. Ebenfalls floriert die Szene lokaler Kleinhersteller – eine Reaktion auf die immer mächtiger werdende globalisierte Getränkegroßindustrie. Die Protagonisten setzen auf Kontrolle und Transparenz in der Produktion und haben mit Freiheit und Kreativität eine vielfältige Produktlandschaft geschaffen, die in der Geschichte wohl einmalig ist: Die Tatsache, dass man heute Gin aus dem Schwarzwald und Wermut aus regionaler Produktion bekommt, wäre vor 20 Jahren unvorstellbar gewesen. Und natürlich inspirieren solche Produkte und Bewegungen auch Bar-Profis. Heute spricht man oft vom Cuisine Style, wenn Elemente und Stile aus Sterneküchen Einzug hinter der Bar halten. Aber auch im Food Pairing spielen ausgetüftelte Drinks eine größere Rolle denn je. Wieso Wein servieren, wenn man gemeinsam mit dem Chefkoch trinkbare Aromakompositionen passend für jeden Gang ersinnen kann? Es muss auch nicht per se alkoholisch sein.

Bartender sind heute nicht mehr nur stille Servierpinguine in Edelhotels. Sie dürfen Charakter und Persönlichkeit zeigen, kreativ sein, das Unmögliche probieren, bestehende Klassiker revolutionieren und kommende neu erfinden. Das macht sie neben Köchen zu den neuen Stars der zeitgenössischen Gastronomieszene. Die Besten von ihnen werden weltweit für die bekanntesten Clubs gebucht wie internationale DJs.

In diesem Buch zeigen wir Ihnen, wie man heute mit dem Wissen der vergangenen Jahrhunderte die besten Drinks aus den besten Bars der Welt zu Hause zubereiten kann. In der Hausbar geht es nicht darum, das teuerste Equipment parat zu haben, die coolste Haltung beim Shaken zu präsentieren oder das am besten gestärkte Hemd und die akkurateste Fliege zu tragen. Es darf gerne improvisiert werden, und die Devise lautet: Jeder kann zu Hause eine exquisite Hausbar starten. Viele vorhandene Küchenutensilien eignen sich bestens für die Zubereitung von Cocktails, und es braucht eigentlich nicht viel, um professionell mixen zu können, wichtig sind vor allem Begeisterung und Motivation. Perfektes Mixen ist eine Frage des Handwerks und der Übung. Also ran an die Hausbar! Die Ergebnisse und Komplimente belohnen Ihre Mühe um ein Vielfaches. Selbst gemacht schmeckt einfach besser.

»WENN SIE MICH FRAGEN, OB ICH JE IN DER MISSLICHEN LAGE GEWESEN BIN, MEINEN TÄGLICHEN COCKTAIL ZU VERPASSEN: ICH BEZWEIFLE ES. BEI BESTIMMTEN DINGEN IM LEBEN PLANE ICH IM VORAUS.«

LUIS BUÑUEL (1900–1983, FILMEMACHER UND HAUSBAR-PIONIER)

Neben ausführlichen Erklärungen und Hintergründen zu grundlegenden Techniken, Tools und Warenkunde finden Sie in diesem Buch auch Erläuterungen zu den wichtigsten Spirituosen und natürlich eine umfassende Rezeptsammlung. Wichtige Klassiker, die in jeder großen Bar zu finden sind, einfache und nachhaltige Drinks für die spontane Hausbar-Party, aber auch hochmoderne, anspruchsvolle Interpretationen, die zu eigenen Kreationen inspirieren.

Wer einmal in einer guten Bar einen schönen Old Fashioned getrunken hat, wird sich gefragt haben, wie aus so wenigen Zutaten etwas so Großartiges geschaffen werden kann. Das Mixen von Cocktails ist immer wieder magisch. Das knackende Eis, das Spiel aus Aromen, Texturen und Temperaturen und das wunderbare Gefühl, wenn einem so etwas erneut perfekt gelingt. Solche Momente kann man sich nicht kaufen, die gibt es nur an der Hausbar. Und wenn die eigene Hausbar wie die besten Bars der Welt zudem ein Ort der Gastfreundschaft und positiven Atmosphäre wird, dann weiß man vielleicht noch immer nicht, woher der Name Cocktail stammt. Aber man fühlt, wie großartig es ist, Teil dieser mysteriösen, eleganten und immer wieder überraschenden Welt zu sein.

DIE GESCHICHTE DER BAR – EINE FLÜSSIGE CHRONIK

Schon die Menschen der Mittelsteinzeit sollen sich an vergorenen Früchten berauscht haben. Im alten Ägypten wurde Bier gebraut. Auf dem Gebiet der heutigen Türkei soll vor rund 3 000 Jahren Wein nicht nur getrunken, sondern bereits zu Höherprozentigem destilliert worden sein. Auf orientalischen Basaren verkauften Händler frisch gemischte Getränke mit Wasser, Früchten und Gewürzen. Und spätestens mit Anbruch der Neuzeit beginnt sie so richtig, die Zeit der Drinks.

1862 *»How To Mix Drinks« von Bartender Jerry »The Professor« Thomas erscheint – die Mutter aller Cocktailbücher.*

1886 *John Stith Pemberton will einen Kopfschmerz lindernden Sirup herstellen und erfindet dabei Coca-Cola.*

UM 1900 *Die »Englische Bar« eröffnet Unter den Linden in Berlin. Sie gilt als erste Bar der Hauptstadt.*

1909 *Die »Internationale Barkeeper-Union (IBU)«, heute »Deutsche Barkeeper-Union e.V.«, wird gegründet.*

1913 *Das »Lexikon der Getränke« erscheint – das erste deutschsprachige Cocktailbuch.*

1919–1933 *Der US-Kongress verabschiedet den »Volstead Act«, damit beginnt eine dreizehnjährige Prohibitionszeit, die am 5. Dezember 1933 mit dem »Repeal Day« endet.*

FRÜHE 1930ER-JAHRE *Der US-Autor Ernest Hemingway bestellt in der Bar »El Floridita« in Havanna auf Kuba einen Daiquiri ohne Zucker und dafür mit mehr Rum. Ihm zu Ehren heißt der Drink »Hemingway Daiquiri« oder »Papa Doble«.*

1944 *Victor Bergeron aka Trader Vic erfindet – nach eigenen Angaben – den Mai Tai.*

1950ER-JAHRE *Im Zuge des Wirtschaftswunders zieht die Hausbar als Möbelstück ins deutsche Wohnzimmer ein, als massive Variante folgt der Spirituosenschrank.*

1953 *In Ian Flemings »Casino Royale« bestellt sich der Romanheld James Bond einen Vesper Martini: Gin, Wodka und Kina Lillet.*

1954 *In der »Caribe Hilton's Beachcomber Bar« auf Puerto Rico wird die erste Piña Colada serviert.*

1960ER-JAHRE *Nachdem Hawaii US-Bundesstaat geworden ist, wird Tiki zum Design- und Cocktailtrend. Das »Operncafé« im wiedereröffneten Opernpalais wird Ostberlins erste Bar-Adresse.*

1974 *Die »Pusser's Bar« in München bringt die amerikanische Bar-Kultur nach Deutschland.*

16. JAHRHUNDERT *Zuckerrohrsetzlinge erreichen die Karibik. Aus dem Saft wird Schnaps gebrannt. Mexikanische Agavenbauern brennen Tequila und trinken ihn mit fermentiertem Limettensaft – ein früher Longdrink. In Schottland wird erstmals Whisky gebrannt.*

1618–1648 *Dreißigjähriger Krieg: Britische Truppen trinken sich mit holländischem Genever Tapferkeit an und nehmen den Schnaps mit nach Hause auf die Insel. Dort wird er als Gin berühmt-berüchtigt.*

1655–1970 *Die Seeleute der britischen Navy erhalten über 300 Jahre lang tägliche Rumrationen, letztmalig am 31. Juli 1970, dem »Black Tot Day«.*

1773 *Der Apotheker Thomas Henry aus Manchester bindet erfolgreich Kohlensäure in Wasser und legt einen Grundstein für Limonaden.*

1783 *Jacob Schweppe entwickelt das »Genfer System«: Kohlensäure bleibt nun in der Flasche.*

1786 *Antonio Benedetto Carpano aus Turin verkauft selbst hergestellten Wermut. Er wird über die Grenzen hinaus bekannt.*

UM 1800 *Der Begriff »Cocktail« taucht erstmals in englischen und amerikanischen Zeitungen auf.*

1805 *Der amerikanische Unternehmer und »Ice King« Frederic Tudor verschifft Eis aus Massachusetts zum Kühlen von Drinks – bis in die Karibik.*

1806 *Erstmalige Cocktaildefinition in der Zeitung »The Balance and Columbian Repository«: ein Getränk aus Spirituosen, dem Zucker, Bitters und Wasser zur Verfeinerung hinzugegeben werden.*

1824 *Der deutsche Arzt Johann Gottlieb Benjamin Siebert entwickelt ein hochprozentiges, bitteres Tonikum gegen Tropenkrankheiten und nennt es »Angostura«.*

AB 1850 *In den Saloons des »Wilden Westens« trennt ein Tresen mit Durchgangsklappe Gastgeber und Gast, der Name »bar« leitet sich vom englischen Begriff für Querstange ab.*

1859 *Im »The Sazerac Coffee House« in New Orleans serviert John Schiller den Vorläufer des heutigen Sazerac – damals mit Cognac, heute auch mit Rye Whiskey.*

1976 *Hans August Schröder eröffnet den legendären »Rum Trader« in Berlin.*

1982 *Charles Schumann eröffnet das »Schumann's« in München. Sein zwei Jahre später veröffentlichtes »Schumann's Barbuch« gilt nach wie vor als Standardwerk.*

1985 *Die Bartenderin Sheryl Cook aus Miami kreiert den Cosmopolitan.*

1996 *Im Berliner Club »Cookies« wird der Watermelon Man zum hippen Durstlöscher.*

2003 *Die erste Ausgabe des deutschen Magazins für Bar-Kultur, »Mixology«, erscheint.*

2008 *Der Hamburger Bartender Jörg Meyer stellt das Rezept seines Gin Basil Smash erstmalig auf dem »Bitters-Blog« vor.*

AB 2010 *Unzählige Spirituosen- und Getränke-Start-ups beleben die Bar- und Hausbar-Kultur.*

GRUNDLAGEN

TOOLS

Die Auswahl der richtigen Utensilien für die eigene Hausbar ist wichtig, aber prinzipiell nicht allzu schwer. Viele Tools befinden sich ohnehin bereits in den meisten Küchen, und für gute Shaker und anderes professionelles Equipment gibt es ausgewählte Onlineshops (Barstuff, Cocktailian), die direkt nach Hause liefern. Dabei gilt: Es muss nicht immer ausgewiesenes Spezialwerkzeug sein, um technisch gut arbeiten zu können. Hauptsache, es funktioniert. Einen feinen Martini mit langem Eiscremelöffel in der Thermoskanne von Großmutter kalt rühren? Haben auch schon Profis gemacht.

1

RÜHRGLAS

Das Rührglas ist einer der wichtigsten Gegenstände in der Hausbar. Auch für den Fall, dass ein Shaker gerade mal nicht zur Hand sein sollte: Alles, was geschüttelt werden kann, kann auch gerührt werden. Ein professionelles Rührglas ist optimal, aber jedes andere stabile Gefäß ab einer gewissen Größe kann ebenso genutzt werden. Praktikabel und sauber sollte es sein. Ob Teekanne, Thermoskanne oder Blumenvase, anything goes.

2

SHAKER

Shaker gibt es in unterschiedlichen Ausführungen. Es gibt den Dreiteiler, der in den meisten Cocktail-Geschenk-Sets zu finden ist, den zweiteiligen Parisian Shaker, den Boston Shaker mit Metall- und Glasgefäß und den sogenannten »Tin in Tin«. Hier kommen zwei Metallbecher in leicht unterschiedlicher Größe zum Einsatz. Wer noch keinen Shaker hat, dem sei die letzte Variante empfohlen: »Tin in Tin« ist stabiler als die Konkurrenz, lässt sich besser reinigen, öffnen und eignet sich darüber hinaus fürs Werfen und Rühren.

3

JIGGER

Es gibt Bartender, die schwören auf Messbecher/Jigger aus japanischer Fertigung. Man sagt, sie seien besonders gut ausbalanciert. Aber für das Abmessen von Drinks kann man viele Dinge nehmen: ein geeichtes Schnapsglas oder den Plastikdeckel einer Limoflasche zum Beispiel. Wichtig ist am Ende nur, dass das Verhältnis der Zutaten untereinander stimmt. Manchmal bekommt man im Getränkehandel einen Jigger als Präsent einer Spirituosenmarke geschenkt. Bei denen wird gern mal auf die genaue Eichung verzichtet, in der Hoffnung, mehr Schnaps zu verkaufen. Bei »gebrandeten« Modellen also lieber einmal gegenchecken. Wer sich einen Jigger kauft, sollte auf ein gutes Handling achten und darauf, dass die Öffnungen nicht zu schmal ausfallen. Man will ja nichts verschütten.

4

STRAINER

Der bekannteste Strainer ist der Hawthorne Strainer, auch weil er sowohl für Rührgläser wie auch Boston Shaker geeignet und somit vielseitig einsetzbar ist. Ein guter Strainer sollte gut in der Hand liegen. Es gibt welche mit kurzem Griff, die zum Abseihen auf den Shaker gelegt werden, und welche mit längerem Griff, die im Shaker positioniert werden. Für welches Modell man sich entscheidet, ist reine Geschmackssache. Profis nutzen aber in der Regel den Strainer mit längerem Griff, da dieser ein kontrollierteres Abseihen ermöglicht. Beim Kauf des Strainers darauf achten, dass die Spirale abnehmbar ist. So lässt sich der Strainer besser reinigen. Außerdem kann man die Spirale separat in den Shaker geben und so Sahne oder Eiweiß im Nu steif schlagen.

5

FEINSIEB

Für den Double Strain gibt es im Fachhandel spezielle Feinsiebe. Einige haben einen breiteren Griff, bei anderen läuft das Sieb spitz (konisch) zu. Wer aber ein einfaches Teesieb in der Schublade hat, braucht sich über die Beschaffung dieses Tools keine Gedanken machen. Ein Teesieb eignet sich hervorragend für den Double Strain.

6

MUDDLER

Stößel/Muddler sind für die Herstellung von Klassikern wie Mojito und Caipirinha unerlässlich. Zwar gibt es beim Kauf von Cachaça immer wieder mal Stößel aus Holz gratis dazu; verwenden sollte man die aber lieber nicht. Holz ist aus hygienischen Gründen bedenklich und gibt zudem Geschmack vorheriger Zubereitungen ab. (Hausbar-)Profis setzen auf Muddler aus robustem Kunststoff.

7

BARLÖFFEL

Der lange schmale Löffel für Latte macchiato oder Eiscreme ist bereits in den meisten Küchen zu finden. Damit lässt sich ein spezieller Barlöffel weitestgehend ersetzen. Unpraktisch ist der Barlöffel dennoch nicht. Durch die Windungen im Stiel ist er besser zum Rühren geeignet und wird zum Teil auch als Maßeinheit benutzt (1 BL = ca. 5 ml). Außerdem können über den Stiel Flüssigkeiten wie Filler mit Pirouetten ins Glas befördert werden – ein netter Showeffekt. Für das Schichten/Layern ist der Löffel indes das wichtigste Instrument – ohne ihn geht hier gar nichts.

8

MESSER UND SCHNEIDEBRETT

Sollte in jeder Küche vorhanden sein. Messer und Brett sind vor allem für das Schneiden von Zitrusfrüchten an der Hausbar wichtig. Ein handliches, leichtes Sägemesser für die Küche eignet sich bestens. Die Schneidebretter sollten – wie der Stößel – nicht aus Holz sein, und auch den Erwerb spezieller Barmesser kann man getrost von der To-do-Liste streichen. Einige Barmesser haben an der Klingenspitze eine Art Gabel wie bei einem Käsemesser. Wofür die allerdings praktisch sein soll, darüber grübeln Bartender auf der ganzen Welt bis heute.

9

SAFTPRESSE/ZITRUSPRESSE

Frisch gepresst schmeckt jeder Zitronen-, Grapefruit- und Orangensaft einfach besser. Und wenn der Saft erst in die selbst gemachten Drinks kommt! An professionellen Bars sieht man oft spezielle Zitruspressen (auch »Mexican Elbow« genannt), die ein wenig an zu klein geratene Kartoffelpressen erinnern. Eine normale Saftpresse tut es aber auch und sollte in den meisten Haushalten parat liegen.

10

SPARSCHÄLER

Für frisch geschnittene Zesten empfiehlt sich ein handelsüblicher Sparschäler. Es gibt zwar spezielle Zester und Zestenreißer, wirklich vonnöten ist ein solches Tool aber nicht. Feine Zestenstreifen lassen sich auch gut mit einem Küchenmesser schneiden.

11

SIPHON

Wer Fan der heimischen Patisserie ist, hat einen Sahnesiphon unter Umständen bereits zu Hause. Vor Jahrzehnten sorgte dieses Utensil fernab der süßen Konditorei für einen regelrechten Schaum- beziehungsweise Espuma-Wahnsinn in der Sternegastronomie – kaum eine Flüssigkeit, die vor dem Anrichten nicht mit Kohlensäure versetzt wurde. Der Grund: Durch das Aufschäumen lassen sich sanfte und zugleich komplexe Texturen von Komponenten schaffen, die auch Drinks auf ein neues sensorisches Level heben. Wer keinen Siphon zur Hand hat, kann auch mit einem Milchaufschäumer arbeiten.

12

GEWÜRZREIBE

Frisch geriebene Gewürze entfalten ihre Aromen grundsätzlich umfangreicher als ihre abgepackten und gemahlenen Pendants. Muskat, Zimt und Sternanis sind so in der Lage, Drinks faszinierend zu veredeln und geschmacklich zu vertiefen.

13

MIXER

Generell können Stand- und Stabmixer das Gleiche. In einer wichtigen Funktion unterscheiden sie sich jedoch: Ein Standmixer bzw. Blender kann Eis häckseln, was für frostige Slushy Drinks wie Frozen Margaritas eine prima Sache ist. Praktisch auch nach harten Wochenenden: Der Detox-Green-Smoothie für das gute Gewissen und gegen den Kater lässt sich mit einem Standmixer ebenfalls professionell zubereiten. So haben Hausbar wie Haussegen was davon.

14

FÜRS EIS

Eis spielt eine zentrale Rolle in jeder Bar. Es gibt Eisschaufeln und Barzangen, die für das Portionieren von Eis erfunden wurden. Solange man aber direkten Kontakt mit der Hand vermeidet, kann hierfür alles eingesetzt werden, was sich im Haushalt findet: Esslöffel, Schöpfkellen, Kaffeetassen, Nudelzangen – es ist deine Bar.

1
2
3
5
4

6

TECHNIKEN

Mit guter Technik ist man klar im Vorteil – da macht das Mixen gegenüber den meisten anderen Lebensbereichen keine Ausnahme. Dabei geht es weniger um virtuose Luftakrobatik wie in zahlreichen Hollywoodfilmen als vielmehr um das konzentrierte Zusammenführen einzelner Zutaten zu etwas Neuem. Leider haben Erlebnisgastronomie und Massentourismus seit den 90ern viel zum Entkernen traditioneller Bar-Prozesse beigetragen. Oft ging es nur noch um Show. Die neue Generation zeitgenössischer, visionärer Bartender rückt die klassischen Werte traditioneller Techniken jedoch mit Erfolg zurück in den Fokus. Denn wer einmal der Faszination von knackendem Eis, Homogenisierung und dem Spiel von Viskosität, Temperatur und Texturen erlegen ist, weiß, dass neben ausgeklügelter Wissenschaft und Fingerspitzengefühl auch immer ein bisschen Magie mit im Spiel ist.

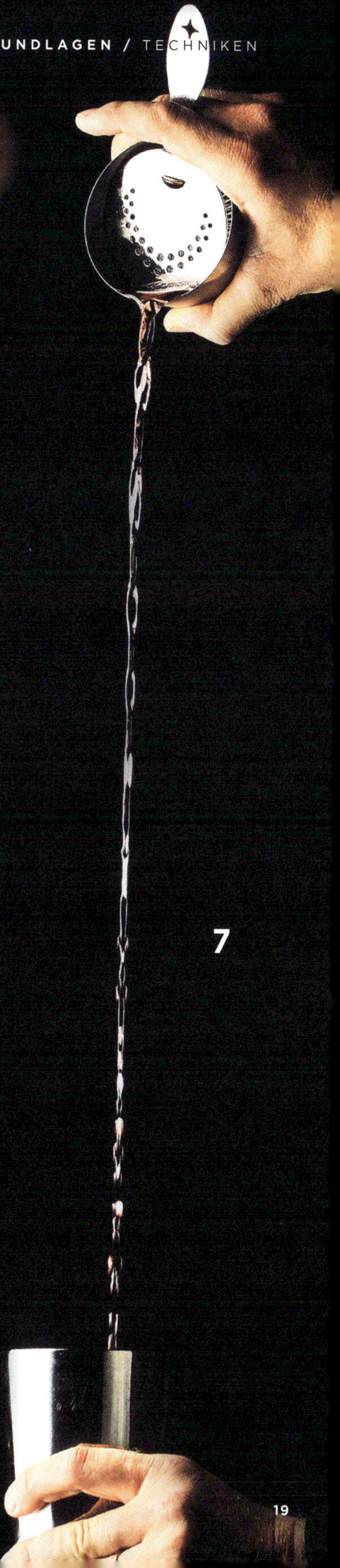

7

1 RÜHREN

Das Rühren gehört zu den wichtigsten Techniken hinter der Bar. Es geht darum, die Zutaten im Rührglas mit viel Eis homogen zu verrühren und dabei runterzukühlen, damit so wenig Schmelzwasser wie möglich entsteht. Perfektes Werkzeug: der Barlöffel. Die Windungen im Stiel erhöhen die Drehbewegungen im Glas. Außerdem hilft es, das Eis immer wieder mit dem Löffel vorsichtig unterzuheben, damit sich die Temperatur besser verteilen kann. Wenn das Rührglas zuvor gefrostet wurde, steht dem perfekten Ergebnis erst recht nichts mehr im Wege. Tipp: Beim Rühren das Glas am Fuß festhalten, damit möglichst wenig Körpertemperatur auf das Glas einwirken kann.

2 SHAKEN

Der Shaker kommt zum Einsatz, wenn Flüssigkeiten unterschiedlicher Viskosität homogen verbunden werden sollen. Im Vergleich zum Rühren entsteht aber mehr Schmelzwasser und zusätzlich Brucheis. Geschwindigkeit und Kraft sind also durchaus von Bedeutung, denn Schmelzwasser im Drink ist zunächst einmal der Feind – zumindest während der Zubereitung.

Unterschieden wird zwischen Dryshake und Wetshake. Wenn sich Milchprodukte oder Eiweiß unter den Zutaten befinden, empfiehlt sich ein Dryshake. Dabei werden die Zutaten zunächst 10 bis 15 Sekunden kräftig und ohne Eis geschüttelt, erst danach kommt das Eis hinzu, und es wird ein weiteres Mal geschüttelt (Wetshake), um auf die richtige Temperatur runterzukühlen. Das verspricht eine feinere und cremigere Konsistenz. Bei den meisten Drinks kommt nur der Wetshake zum Einsatz.

Wichtig beim Shaken ist ein stabiler Stand. Dafür Beine schulterbreit aufstellen, Körperschwerpunkt zentrieren und dann aus dem Handgelenk eine solide und konstante Schüttelbewegung erzeugen. Ob der Shaker nun auf Schulterhöhe, über dem Ohr oder eher auf Brusthöhe angesetzt wird, darf jeder selbst entscheiden. Man sollte sich bei diesem intensiven Bewegungsablauf vor allem erstmal sicher und stabil fühlen.

Kommen wir zum kniffligen Part: dem Öffnen. Egal ob beim Boston Shaker oder

ÄTHERISCH:
Das Zerdrücken der Zeste (»mit Zeste abspritzen«) verleiht Drinks einzigartige Aromanoten.

Dreiteiler, durch das schlagartige Abkühlen im Shaker-Innenraum entsteht eine Art Vakuum, was dazu führt, dass sich die Einzelteile fest zusammensaugen beziehungsweise verkanten. Den Shaker elegant zu öffnen ist schon den Besten des Fachs misslungen. Was man jedoch tunlichst vermeiden sollte, ist, den Shaker gegen die Tischkante oder Arbeitsplatte zu schlagen. Bringt nichts außer Unglück. Das Gleiche gilt für karateartige Handkantenschläge. Es gibt im Handel holzhammerähnliche Gebilde, die vermeintlich beim Aufschlagen helfen sollen – braucht man aber auch nicht. Vielmehr geht es beim Öffnen darum, Luft von außen in den Hohlraum zu bekommen. Stichwort: Druckausgleich. Die dafür notwendigen kräftigen, ruckartigen Drehbewegungen brauchen zwar ein bisschen Übung. Zur Belohnung gibt es jedoch weniger Scherben, Tränen und verschüttete Drinks in der Hausbar.

3 ABMESSEN

In einer guten Bar lautet die allererste Regel: Sauberkeit geht vor. Das Gleiche gilt für das Abmessen (»Jiggern«). Wenn auch in der gehobenen Gastronomie der Leitsatz gilt, Flaschenöffnungen niemals direkt an Messbecher oder andere Gefäße zu halten, sollten Ungeübte durchaus erst mal so beginnen, bevor die Hälfte der Zutaten auf der Arbeitsplatte landet. Wichtig ist, genau zu arbeiten. Akrobatische Verrenkungen sind auch hier zweitrangig.

4 FLOATEN UND LAYERN/ SCHICHTEN

Float und Layer bezeichnen zwei unterschiedliche Techniken, allerdings ist der Deckungsgrad hoch. Oft und doch nicht immer ist damit das Gleiche gemeint. Flüssigkeiten lassen sich im Glas schichten, wenn sie unterschiedliche Dichten aufweisen. Der Zuckeranteil und unterschiedliche Temperaturen spielen dabei eine entscheidende Rolle. Beim Schichten liegen die Zutaten im Glas übereinander, ohne sich zu vermengen. Der Float bezeichnet die Technik des Übergießens, bei dem sich nur ein Teil der zuletzt hinzugegebenen Flüssigkeit mit der bereits im Glas vorhandenen vermengt. Um das Floaten beziehungsweise Schichten zu erleichtern, kann ein schmaler Löffel oder Barlöffel zu Hilfe genommen werden. Dieser wird an den inneren Glasrand gelegt. Nun die Flüssigkeit vorsichtig und langsam über die äußere Wölbung des Löffels geben, so dass sich die Bestandteile im Glas dabei möglichst wenig vermischen. Beim legendären Tequila Sunrise sorgt diese Technik für den typischen optischen Effekt. Heute ist allerdings das Schichten ein wenig aus der Mode gekommen. Geht es doch eher darum, bestimmte Aromen neu zusammenzubringen, statt separat zu servieren. Ein toller Hingucker bleibt das Schichten indes allemal.

5 STÖSSELN

Es gibt zwei Grundregeln beim Stößeln (»Muddlen«), die selbst in zahlreichen Bars nicht eingehalten werden. Nummer 1: Wenn man im Gästeglas stößelt, sollte das Glas immer am Fuß festgehalten werden. Nummer 2: Ein Muddler ist kein Mörser. Ein guter Mojito ist ein visuell wunderbar ausbalancierter Drink, in dem alle Einzelteile zur Geltung kommen, und kein Pesto. Das heißt in der Praxis: langsam Druck aufbauen und dabei den Stößel leicht drehen. Wie bei einer guten Massage. Zusätzlich kommt es darauf an, was gestößelt wird. Bei einem Mojito empfiehlt es sich wegen der unterschiedlichen Eigenschaften der Zutaten, erst die Limetten und den Zucker zu stößeln, dann die Minze hinzuzugeben und noch mal alles kurz mit dem Muddler anzudrücken.

6 ABSEIHEN

Mit dem Strainer werden grobe Partikel wie Botanicals und Eiswürfel vom restlichen Drink getrennt. Für feinere Ergebnisse gibt es den Double Strain. Hier wird zusätzlich durch ein Feinsieb/Teesieb (also doppelt) abgeseiht. So werden Splittereis und feinere Partikel herausgefiltert.

7 WERFEN

Das Werfen (»Throw«) ist eine der ältesten und zugleich elegantesten Bartechniken. Anders als beim Shaken wird hier nicht das homogenste Ergebnis produziert. Dafür eignet sich das Werfen ausgezeichnet, wenn man möglichst viel Sauerstoff, aber weniger Schmelzwasser und Brucheis in ein Getränk bekommen möchte. Man nimmt für das Werfen zwei Rührgläser/Shaker Tins. In eines werden Eis und Zutaten gefüllt. Das Eis wird durch einen Strainer zurückgehalten. Nun wird die Flüssigkeit von diesem in das andere Gefäß geworfen.

Dabei kann man die Arme auseinanderziehen, um eine möglichst große Fallhöhe und Aufprallenergie zu erzeugen. Denn: Je höher der »Wurf«, desto mehr Luft gelangt in das Getränk (man kennt den Effekt vom Ayran-Brunnen im Döner-Imbiss). Es wird immer nur vom Strainer-Becher in den leeren Becher geworfen. Danach gibt man die Flüssigkeit einfach wieder in den Becher mit Eis zurück und fängt von vorne an. Man ahnt: Gutes Zielen ist bei dieser Disziplin elementar. Am besten übt man vorher mit Leitungswasser. Beim Ziehen der Arme hilft es, den Oberkörper leicht einzudrehen. Übung wird hier definitiv belohnt. Denn wer einmal den Wurf souverän draufhat, kann behaupten, die wohl ästhetischste Bartechnik von allen zu beherrschen.

GLÄSER

Gläser sind für den stilvollen Drink das, was Teller und Besteck für die gehobene Gastronomie sind. Sie sind mehr als nur Gefäß, sind Teil der Präsentation und bestimmen mit, wie ein Drink zu sich genommen wird. Das Glas beeinflusst die Experience eines Drinks. Ein Champagnerglas lässt sich zum Beispiel nicht so greifen wie ein Tumbler und gibt durch die verengte Öffnung anders Aromen und weniger Kohlensäure ab. Es gibt unzählige Gläser für die verschiedensten Cocktails auf der Welt. Aber: Zahlreiche Cocktailtrends der vergangenen Jahre haben auch gezeigt, dass der Kreativität der Bartender keine Grenzen gesetzt sind – Regeln sind dazu da, gebrochen zu werden.

Feine Eigenkreationen werden in exklusiven Bars heute in Marmeladengläsern, Blechdosen, Teetassen und sogar Blumentöpfen serviert. Dieses neue Paradigma gilt selbstverständlich auch für die Hausbar. Gut ist, was gefällt und schmeckt. Einige Basics sollte man dennoch parat haben – ein Satz Weingläser und Sektflöten dürfte sich hoffentlich ohnehin in den meisten Haushalten finden. Mit der Zeit kann in der ambitionierten Hausbar die Auswahl an Gläsern stetig erweitert werden. Man sollte aber im Hinterkopf behalten, dass auch in professionellen Bars stets darauf geachtet wird, das Sortiment so überschaubar wie möglich zu halten. Weniger ist bekanntlich mehr, und genau das gilt auch hier. Es ist zu empfehlen, bei der Glaswahl zunächst auf Robustheit zu setzen. Zu dünnwandige Gläser brechen schnell. Außerdem lassen sich stabile Gläser besser reinigen (sie sollten spülmaschinenfest sein), stapeln und zudem im Tiefkühlfach frosten: So werden Drinks zu wahren Eyecatchern und bleiben nicht nur bei der sommerlichen Party länger kühl.

TUMBLER

Ein Klassiker, den es in zahlreichen Varianten gibt. Grundeigenschaft eines Tumblers ist zunächst, dass er flach aufliegt und den Schwerpunkt im Fuß des Glases hat. So bietet er einen stabilen Stand für Drinks, die mit viel Eis serviert werden, wird aber auch gerne für pure Spirituosen genutzt. Ein guter Tumbler sollte solide in der Hand liegen und gut ausbalanciert sein. Einige servieren darin auch Desserts und Erdnüsse. Man sieht: Ein Tumbler ist vielseitig einsetzbar. Eine nicht aus der Contenance zu bringende Ikone eben.

CHAMPAGNERGLAS

Champagnerflöten gibt es bekanntlich nie genügend, wenn auf einen Geburtstag angestoßen wird. Das Champagnerglas gehört zu feierlichen Anlässen wie Silvester und Hochzeiten mindestens genauso wie gute Laune und gutes Essen. Es eignet sich aber auch als perfektes Gefäß für Drinks wie Old Cuban und Bee's Knees. Gerade beim Champagnerglas sollte man darauf achten, dass es nicht zu fragil ausfällt. So lässt es sich besser vorkühlen (bei teurem Schampus eigentlich obligatorisch), und man hat länger Freude mit ihm.

NOSINGGLAS

Das in dieser Auswahl unbekannteste Glas. Entwickelt wurde es für Spirituosen-verkostungen, denn es fängt Aromen im Glaskorpus besonders gut auf, damit man einen Whisky oder alten Rum mit der Nase besser »erriechen« (»nosing«) kann. Das Nosingglas eignet sich aber auch für sämtliche Sours. Spezielle Varianten gibt es zwar im Fachhandel, benötigt werden sie aber nicht, solange Nosinggläser am Start sind.

WEINGLAS

Für die meisten Cocktails ist es erst mal nicht ausschlaggebend, ob Gläser für Rotwein oder Weißwein in der Hausbar zum Einsatz kommen. Stabil genug für die Spülmaschine sollten sie sein, und Rotweingläser sind aufgrund ihrer größeren Füllmenge für die Hausbar vielseitiger einsetzbar. So können Klassiker wie Gin & Tonic darin serviert werden – ähnlich der spanischen Copa de Balon (die in der Regel aber nur einstauben und aufgrund des Fassungsvermögens sonst auch viel zu betrunken machen). Der kühle Spritz im Sommer schmeckt aus Weingläsern natürlich ebenfalls hervorragend.

LONGDRINKGLAS

Das Longdrinkglas kennt man auch als Highballglas. Es ist die erste Wahl, wenn es – die Namen lassen es bereits erahnen – um Longdrinks und Highballs geht. Es gibt wohl kaum ein Glas, das in Bars so oft zum Einsatz kommt. Generell sollte man darauf achten, dass das Longdrinkglas mindestens 30 cl fassen kann. So bleibt in den Drinks noch genug Platz für ausreichend frisches Eis.

COUPETTEGLAS

Das Coupetteglas wird auch Cocktailschale genannt und ist ein vielseitiger Klassiker. Generell serviert man darin Cocktails ohne Eis, aber auch Champagner fühlt sich in dem mondänen Glas mehr als wohl. Das Coupetteglas eignet sich außerdem gut für Martinis. So kann man daheim wunderbar auf die sperrigen, V-förmigen Martinigläser verzichten. Experten sagen, dass Coupettegläser für klassische Martini-Drinks die ohnehin viel originalere, weil ursprüngliche Variante darstellen.

FACHBEGRIFFE

»Und? Schon die Vetiver-Mazeration über den Smash gepourt?«
Bartender reden manchmal wie Ärzte. Hier die geläufigsten Fach- und Slangbegriffe.

ABV ist die englische Abkürzung für »alcohol by volume« und bezeichnet den Alkoholgehalt, also den Anteil reinen Alkohols in alkoholischen Getränken. Ermittelt wird der Wert bei einer Temperatur von 20 °C und ist auf den Flaschen als Volumenprozent oder kurz % Vol. gekennzeichnet. Aktuell spielt in der Barszene der Begriff »Low ABV« eine große Rolle – Erzeugnisse mit geringerem Alkoholgehalt. Denn viel Geschmack braucht nicht zwingend viel Alkohol.

BAR BLADE, auch Speed Opener genannt, bezeichnet eine bestimmte Form des Flaschenöffners, die bei Bartendern beliebt und verbreitet ist: rund 4 cm breit, gut 16 cm lang, flach und meist aus Edelstahl. Ein Daumenloch an einem Ende, am anderen ein meist zweiseitiger Flaschenöffner, der das Öffnen per Aufwärts- und Abwärtsbewegung gleichermaßen erlaubt. Eindrucksvolle Tricks lassen sich damit auch erlernen, einfach mal googeln.

BLENDER Das, was bei uns der Mixer ist, ist für Angloamerikaner der Blender, nämlich der Standmixer. Der Mixer ist für internationale Bartender wiederum das, was hier bei uns der Filler ist. Kapiert? Siehe Filler vs. Mixer.

CUT Der Cut ist eine präzise Drehbewegung, durch die nicht mehr Flüssigkeit aus der Flasche in den Drink gelangt als notwendig. Mit der drehenden Schneidebewegung wird der Strahl sofort abgebrochen. Diese Technik bedarf einiger Übung, macht den Messbecher aber überflüssig, sobald man das richtige Gefühl für die benötigten Mengen entwickelt hat.

DASH ist ein Spritzer und weniger als ein Tropfen. Eine kleinere Maßeinheit gibt es hinter der Bar nicht.

DROP ist ein Tropfen und mehr als ein Dash.

FAT WASHING Hierbei werden Spirituosen mit den Aromen fetthaltiger Lebensmittel angereichert. Speck, Butter, Nüsse oder auch Öle werden zunächst erhitzt. Nach dem Abkühlen wird die entstandene Flüssigkeit mit den Spirituosen vermischt. Je öfter man schüttelt und rührt, desto intensiver der Geschmack. Unterschiedliche Mischungsverhältnisse spielen hierbei ebenso eine Rolle wie die Dauer. Danach geht das Gemisch in den Tiefkühler. Das Fett wird hart und kann im Anschluss leicht vom nicht gefrorenen Alkohol gelöst werden, der aber dessen Geschmack angenommen hat. Filtern, fertig.

FILLER VS. MIXER Als Filler bezeichnet man die nichtalkoholischen flüssigen Zutaten in Drinks. Dazu gehören natürlich die kohlensäurehaltigen wie Tonic Water, Ginger Ale oder Soda Water – aber auch Säfte und Milchprodukte zählen dazu. Der vermeintlich englische Begriff Filler wird (wie das Wort Handy) nur im Deutschsprachigen verwendet. International werden diese Auffüller als Mixer bezeichnet.

FLAMEN ist ein Synonym für das Flambieren.

FLOATEN beschreibt den Vorgang, wie bestimmte Zutaten mit einem Barlöffel ganz langsam, vorsichtig und zum richtigen Zeitpunkt in den Drink integriert werden. Die Verlangsamung garantiert, dass die jeweilige Zutat sich kaum mit dem restlichen Inhalt vermischt und optisch klar erkennbar bleibt. Ein farbenfroher Eyecatcher, der allerdings nur dann Wirklichkeit wird, wenn die Zutaten bestimmte Voraussetzungen erfüllen, zum Beispiel über eine unterschiedliche Dichte verfügen oder Temperaturunterschiede aufweisen.

GARNISH Schirmchen, Obstsalat, Kräutergarten? Dekoration oder Garnitur? An der Bar gilt der klare Grundsatz: Drinks werden garniert, Schaufenster werden dekoriert. Die Garnierung wird im Englischen als Garnish bezeichnet.

GÄSTETYPEN Gäste sind all diejenigen, die mit Drinks versorgt werden. Kumpel, Keule, Kollege? Das macht keinen Unterschied. Und doch reihen Bartender ihre Gäste ganz automatisch in unterschiedliche Kategorien ein. Der »Kunde« kennt sich vermeintlich aus und hat ganz klare Vorstellungen davon, wie er seinen Cocktail will. Und dem »Patienten« ist es fast egal, was er trinkt, solange man ihm von der anderen Seite der Bar zuhört. Ganz egal, wie mitteilungswillig der Bartender ist – nimmt ein Pärchen an der Bar Platz, ist Zurückhaltung gefordert: keine Show,

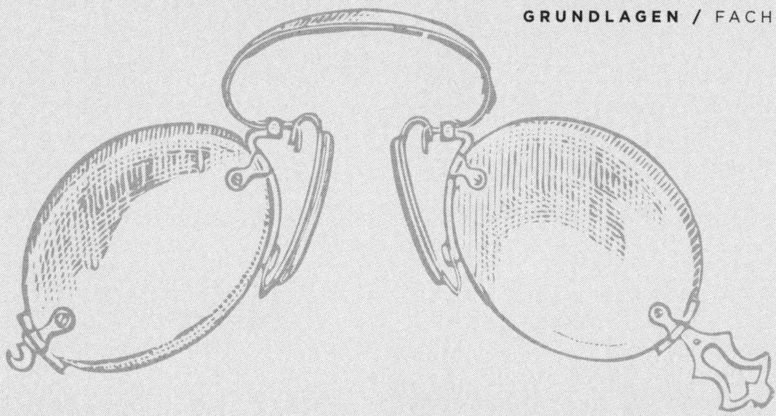

keine Skills, keine Secrets: Das Pärchen will und verdient Privatsphäre. Wünsche werden einfach erfüllt.

INFUSION Gute Nachrichten: Für eine Infusion an der Bar muss kein Zugang gelegt werden, wie es in der Medizin üblich ist. Der Begriff bezeichnet vielmehr einen Prozess, bei dem Inhalts- und Geschmacksstoffe aus Pflanzen extrahiert werden – mit Lösungsmitteln wie Wasser, Öl oder Alkohol. Die Pflanzen, Kräuter oder Früchte werden bei der Infusion mit meist kochendem Wasser übergossen, bevor die Mischung eine bestimmte Zeit zieht. Dann wird die Flüssigkeit abgeseiht: Fertig ist die Infusion. Das bekannteste Beispiel ist die Tee-Infusion. Wird Kaffee in einer French Press zubereitet, nutzt man auch hier die Technik der Infusion. Verwandte Begriffe und Vorgehensweisen sind die Mazeration und Perkolation – siehe separate Einträge.

MAZERATION Bei der Mazeration werden lösliche Bestandteile (vor allem von Kräutern) mithilfe einer Flüssigkeit extrahiert. Dabei werden Farb- und Aromastoffe von der Flüssigkeit aufgenommen und im Anschluss weiterverarbeitet, zum Beispiel für die Herstellung von Likören, bei der vornehmlich Alkohol verwendet wird.

MISE EN PLACE Was in der Küche gilt, ist hinter der Bar genauso wichtig: Organisation und Ordnung. Ganz egal, ob man nur die besten Freunde oder eine große Gruppe mit Drinks versorgen möchte. Mise en place lässt sich als »alles an seinem Platz« übersetzen. Das bedeutet, dass alle Zutaten in ausreichenden Mengen vorbereitet und für die Barkeeper gut erreichbar platziert werden. Das gleiche Prinzip empfiehlt sich auch für Utensilien wie Löffel, Stößel etc.

PERKOLATION Die Perkolation leitet sich vom lateinischen Verb »percolare« ab – filtern beziehungsweise durchsickern. Im Gegensatz zur Infusion fließt bei der Perkolation die Flüssigkeit – Wasser, Öl oder Alkohol – durch den festen Stoff hindurch wie etwa bei der Zubereitung von Filterkaffee. Auch bei der Herstellung von Spirituosen wird die Perkolation angewandt, vor allem dann, wenn es um besonders subtile Nuancen im Geschmack geht. In der Regel kommt hier jedoch die Mazeration zum Einsatz.

POUR Als Pouren bezeichnet man das Eingießen von Zutaten in ein Glas oder einen Shaker beziehungsweise das Ausgießen aus der Flasche. Für die richtige Menge empfiehlt sich vor allem für Anfänger die Verwendung eines Messbechers, auch Jigger genannt. Hat man das benötigte Timing entwickelt, kann man auf den Jigger verzichten und nach Gefühl in Verbindung mit einem Ausgießer einschenken: Free Pour.

RIM Einige Cocktailrezepte erfordern, dass der Rand des Glases (genannt Rim oder Lippe) mit Salz, Zucker oder anderen Zutaten bedeckt wird. Anfeuchten, eindrücken, fertig.

SMASH Ein Smash ist ein Drink, in dem eine oder mehrere feste Zutaten – Kräuter und Früchte – verwendet werden, die während der Zubereitung zerstoßen werden, damit Aroma und Geschmack freigesetzt werden. Prominentes Beispiel ist der Gin Basil Smash.

SPILL Einen Spill gibt es hinter der Bar immer dann, wenn man etwas danebenschüttet, etwas überschwappt oder auch nur am Glas heruntertropft. Natürlich kann das im Eifer des schüttelnden und eingießenden Gefechts mal passieren, gibt aber Abzüge in der Style-Note und sollte vermieden werden. Die Tragweite dieses No-Gos erschließt sich noch besser in der deutschen Begrifflichkeit, die über die bloße Übersetzung »verschütten« weit hinausgeht: bluten. Wer will das schon vor seinen Gästen?

STROHHALM VS. TRINKHALM Der Strohhalm ist nur dann ein Strohhalm, wenn er auch aus Stroh hergestellt wird. Der Trinkhalm ist der korrekte Begriff für das bekannte Plastikröhrchen, dessen Tage zumindest in Europa nun endlich gezählt scheinen. Deutlich nachhaltigere Alternativen gibt es viele, zum Beispiel aus Roggen und in Bioqualität. Dabei wird kein einziges Brot weniger gebacken. Die Ähren gehen in die Mühle, das Stroh in die Strohhalmproduktion.

ZUTATEN

GARNITUR

Garnish

Die Garnitur eines Cocktails ist mehr als nur Beiwerk, viel mehr als Dekoration. Deshalb kommt auch kein Rezept dieses Buches ohne einen Vorschlag für das passende Drumherum des Drinks aus – Cocktailschirmchen und Knick-Trinkhalm sind jedoch aus guten Gründen nicht dabei.

Weil das gelungene Spiel mit den Aromen – egal ob bei Speisen oder Getränken – vor allem über den Geruchssinn funktioniert, kann die Garnitur am Glas einen entscheidenden Teil dazu beitragen, ohne selbst Teil des Drinks zu sein. Weniger ist mehr gilt zwar auch an dieser Stelle, trotzdem ist die Garnitur ein ganz entscheidender, oft unterschätzter Mitspieler bei der Gestaltung delikater Drinks.

Dass die Garnitur als zusätzliche Aromakomponente unterschätzt wird, erkennt man vielerorts daran, dass mit ihr nur wiederholt wird, was der Drink schon dem Rezept nach zu bieten hat. Ist die Orangenzeste also bereits im Glas, muss sie nicht unbedingt auch noch als Garnitur dienen. Wie wäre es stattdessen mit einer Zimtstange? Die Suche nach geschmacklicher Ergänzung statt bloßer Wiederholung lohnt sich, ist aber kein leichtes Unterfangen, zumal das erwähnte Beispiel mitnichten grundsätzlich gilt: Zitronengras im Drink schmeckt durchaus anders, als eine Zitronengrasgarnitur riecht.

Entscheidend ist: Es geht bei der Garnitur weniger um das Aussehen als vielmehr um die sinnliche Ergänzung und verstärkende Wirkung des Cocktails. Wie die genau funktioniert, ist von Rezept zu Rezept unterschiedlich.

KRÄUTER & GEWÜRZE

Kräuter und Gewürze sind hinter der Bar ebenso wichtig wie in der Küche. Und hüben wie drüben gilt: Qualität und Frische, aber auch richtige Lagerung und Anwendung entscheiden über Sieg oder Niederlage, über geschmackliche Raffinesse oder faden Nachgeschmack. Wer in Sachen Kräuter und Gewürze von Haus aus gut aufgestellt ist, wird für die meisten Rezepte des vorliegenden Buches bereits im eigenen Regal oder Garten fündig. Für alle anderen gilt: Die hier beschriebenen Kräuter und Gewürze lassen sich bis auf wenige exotische Ausnahmen problemlos in der einfachen Küche verwerten. Die Anschaffung lohnt sich also – auch wenn der Cocktailabend vor dem vollständigen Verbrauch sein Ende findet.

Damit die Kräuter und Gewürze auch am nächsten oder übernächsten Tag noch ihr Aroma entfalten können, ist die richtige Lagerung wichtig. Frische Kräuter sollten lose und sortenrein in ein angefeuchtetes Küchenpapier gelegt und in einem luftdichten Behältnis im Kühlschrank aufbewahrt werden. Gewürze wollen ebenfalls sortenrein und luftdicht verpackt gelagert werden. Vorzugsweise hinter einer Schranktür, denn dort ist es dunkel und trocken.

THYMIAN

Im Mittelmeer heimisch, wurde die Pflanze schon im antiken Griechenland als Zusatz für Räuchermittel genutzt, versprach der Duft doch Anregung für Geist und Gemüt. Auch als Heilpflanze machte Thymian Karriere, im Mittelalter verabreichte man das Kraut bei Asthma und Atemnot, außerdem galt es als Aphrodisiakum. **IM DRINK** sorgt Thymian für eine eigene Süße. Sein Aroma kommt noch besser zur Geltung, wenn der Zweig vorher leicht angeröstet wird. Eine gute Idee ist, Thymian als Topfpflanze zu kaufen – so hält er sich länger. Zudem gibt es eine Vielzahl von Sorten. Bei der Zubereitung von Drinks wird nicht selten Zitronenthymian verwendet, der die übliche Wirkung von Thymian mit einer erfrischenden Zitrusnote paart. Leichtes Reiben setzt die Aromen frei.

BASILIKUM

Stammt Basilikum aus Afrika oder Asien? Sicher ist man sich bis heute nicht. Ein nordindischer Ursprung gilt jedoch als wahrscheinlich. Die Historie zur Verwendung im Drink reicht erstaunlich weit zurück: So nutzte man es auf Kuba schon im 15. Jahrhundert in Kombination mit wildem Honig, um Getränken einen besonderen Geschmack zu geben. Kein Wunder: **IM DRINK** sorgt Basilikum für eine frische, kräuterige bis fruchtige Süße mit gleichzeitig herber Note. Bei der Zubereitung gilt es, achtsam zu sein, denn die Blätter sind empfindlich: Nur leicht anstößeln oder zwischen den Händen klatschen, schon werden die Aromen freigesetzt. Wegen seiner Verwendung im Gin Basil Smash, erfunden in der Hamburger Bar »Le Lion«, wird Basilikum unter Bartendern auch »Le Lion Kraut« genannt.

MINZE

Die berühmte Heilpflanze wächst im Nahen Osten an Gräben und Wasserläufen und hat seit jeher starken Einfluss auf die dortige Küche. Allerdings ist Minze auch in der Bar-Kultur eine prominente Zutat: Sie gehört in Klassiker wie den Mojito oder den Cuba Libre. **IM DRINK** wirkt Minze dank der starken ätherischen Öle besonders frisch. Die Schärfe des Menthols hat bekanntermaßen eine betäubende Wirkung und bringt ein leichtes Gefühl der Kälte mit sich. Tipp: Wer Minze im Topf kauft, muss sich zwar mit kleineren Blättern begnügen, kann beim Gießen aber auch ein bisschen Ananas- oder Kokoswasser verwenden. Die Minze nimmt diese Aromen auf und lässt sich so ganz individuell in Richtung bestimmter Aromen drehen. Minze nur leicht reiben oder zwischen den Händen klatschen – hartes Zerstößeln setzt unwillkommene Bitterstoffe frei.

SALBEI

Salbei wird seit jeher eine heilende, reinigende Wirkung zugesprochen. Die Verwendung der Pflanze als Heilmittel ist mittlerweile so etabliert, dass Medizin nicht selten die erste Assoziation ist, wenn sich der Geschmack im Mund ausbreitet. **IM DRINK** sollte Salbei aufgrund des starken Eigengeschmacks vorsichtig dosiert werden. Das Kraut eignet sich sehr gut für proteinreiche Cocktails mit Eiweiß und leichte Shortdrinks. Es empfiehlt sich die Anschaffung im Bund, denn Salbei wird nicht allzu oft und eher sparsam eingesetzt. Leichtes Reiben reicht, um das Aroma zur Geltung zu bringen.

INGWER

Das Ingwergewächs kommt aus tropischen und subtropischen Gegenden und ist fester Bestandteil der asiatischen Küche. Doch auch hierzulande möchten die wenigsten Schnupfennasen auf den Ingwer-Zitronen-Tee gegen Erkältung verzichten. **IM DRINK** lässt sich die belebende Schärfe mit leicht holziger Note vielseitig einsetzen. Ingwer wird – natürlich – frisch gekauft. Er wird geschält, dann entweder fein gerieben oder in kleine Stücke geschnitten und anschließend zerstoßen.

KORIANDER

Der aus dem Mittelmeerraum stammende Koriander war schon 5 000 Jahre v. Chr. bekannt. Die Samen fand man als Beigabe im Grab von Tutanchamun in Ägypten. Heute wird Koriander in der Küche weltweit täglich genutzt, vielerorts gehört er in jedes Gericht wie hierzulande der Pfeffer. **IM DRINK** sorgt das Gewächs für ein herbes, kräuteriges Wurzelaroma. Die ätherischen Öle lösen sich durch leichtes Reiben.

MUSKATNUSS

Aus dem tropischen Asien nach Europa gelangte die Muskatnuss aller Wahrscheinlichkeit nach auf den Schiffen der Kreuzfahrer. Heute ist Muskat das ikonische Gewürz für den Kartoffelbrei, sollte aber auch in der Bar nicht unbeachtet bleiben. **IM DRINK** schafft frisch geriebene Muskatnuss nicht nur einen herben, intensiv nussigen Geschmack, sondern wirkt sich auch auf die Textur aus: Sie wird matter. Das lässt sich auf der Zunge spüren.

ZIMT

Zimt ist eine Baumrinde und eines der ältesten Gewürze. Angeblich wurde Zimt schon 2000 Jahre v. Chr. in Indien und China verwendet. Auch die Ägypter nutzten ihn zur Einbalsamierung, zum Räuchern und ebenfalls als Gewürz. Später handelten die Römer mit der Rinde, nutzten sie gleichfalls als Räuchermittel, Medizin und Aphrodisiakum – noch lange bevor sich die heute verbreitete Verwendung als Gewürz etablierte. **IM DRINK** bringt Zimt eine würzige Süße mit sich und – weil es sich um eine Rinde handelt – auch ein intensiv holziges Aroma. Da Zimt vor allem als Zutat in den Süßwaren der Weihnachtssaison eingesetzt wird, kann sich auch der Zimtgeschmack im Drink dieser winterlichen Assoziation kaum entziehen. Dank des intensiven Aromas eignet sich Zimt zudem perfekt als Garnitur oder zum Aromatisieren von Sirups.

SALZ

Einst kostbares Gut, ist Salz heute das Gewürz, das selbst in der Mikrowellen-WG-Küche zum Standard gehört. Das Mineral ist weltweit verbreitet, kommt aus den Bergen oder aus dem Meer. Aufgrund der unhygienischen Zustände in den Ozeanen unseres Planeten sollte man lieber zum Bergsalz greifen. Fun Fact: Während hierzulande Himalayasalz zu hohen Preisen über die Ladentheke geht, gilt in Asien Alpensalz als besonders. Starkes Marketing. Alpines Salz ist daher völlig in Ordnung und hat die eindeutig bessere ökologische Bilanz. **IM DRINK** wird Salz, wohldosiert, zur Verringerung von Bitterkeit oder Süße eingesetzt und verstärkt den Geschmack deftiger und herzhafter Drinks.

PFEFFER

Das Pfeffergewächs stammt aus Südostasien, hat sich allerdings weltweit als Standard in der Küche etabliert. Kaum jemand, der heute nicht gleich mehrere Sorten im Gewürzregal hat: Schwarzer Pfeffer, weißer Pfeffer, bunter Pfeffer, Szechuan- und Cayennepfeffer sind nur die bekanntesten Sorten. **IM DRINK** hat Pfeffer auch seine Berechtigung, und zwar über die Bloody Mary hinaus. Nicht nur schafft Pfeffer Schärfe und Tiefe, sondern öffnet auch die Gefäße und den Rachenraum, wirkt sich also auf die Sensorik und das Geschmacksempfinden aus. Aber Obacht: Überdosierung vermeiden.

OBST & GEMÜSE

Eine Bar ohne Obst? Kaum vorstellbar – Drinks ohne jede Fruchtnote bilden heutzutage die Ausnahme.

Heute sind Supermärkte ohne jede Rücksicht auf die jeweilige Saison mit Früchten aus aller Welt gefüllt. Damals, als die Cockailklassiker entstanden, sah das noch gänzlich anders aus. Der kluge Bartender von heute hat den Saisonkalender natürlich immer im Blick und setzt auf regionale Zutaten. Bei südländischen und insbesondere den viel genutzten Zitrusfrüchten ist das zwar nicht möglich, bei Beeren, Äpfeln, Birnen, Pflaumen oder Kirschen sieht das allerdings anders aus. Anschauliche Saisonkalender gibt es zuhauf im Internet. Ansonsten reicht ein Anruf bei Oma oder Opa, in deren Gedächtnis sich der Kalender zumeist auf ewig eingebrannt hat.

Die Verwendung von Gemüse für das Zubereiten von Drinks ist dagegen eine noch relativ neue Erscheinung in der modernen Bar-Kultur. Zwar hat im Gin & Tonic die Gurke bereits eine steile Karriere hinter sich – ausgerechnet die heimischen Gemüsesorten wie Erbse, Karotte und Rote Bete gehören jedoch zu den wahren Exoten im Cocktailglas, an die sich längst nicht jeder Gast herantraut. Umso mehr Grund, in der Hausbar eine Lanze zu brechen für den besonderen geschmacklichen Twist, den diese Zutaten mitbringen können.

Wie jeder gute Koch hat auch der Bartender beim Einkauf von fruchtigen Frischwaren und Gemüse auf die Qualität zu achten. Dabei gilt: Günstig ist längst nicht immer gut genug – teuer hält nicht immer, was der Preis verspricht.

Im Gegensatz zum Koch ist der Bartender allerdings dem Biosiegel verpflichtet, denn Schalen und Zesten finden genauso oft den Weg in den Drink wie der Saft. Gründlich gewaschen werden muss das Obst indes trotzdem.

ORANGE / APFELSINE

Die Orange gehört in die Bar wie auf jedes gute Frühstücksbuffet. Anders als dort wird allerdings nicht nur der Saft genutzt, auch die Zeste ist fester Bestandteil vieler Rezepte. Was vielen nicht unbedingt bewusst ist: Orange und Apfelsine bezeichnen die gleiche, ursprünglich aus Südchina stammende Zitrusfrucht. Fun Fact: Im 11. Jahrhundert schaffte es zunächst nur die Bitterorange nach Europa. Die süße Variante folgte erst im 15. Jahrhundert und wurde vor allem in Portugal angebaut. Heute ist sie die meistangebaute Zitrusfrucht der Welt. **IM DRINK** entfaltet die Orange ein süßes, fruchtiges Aroma. Der Geschmack der Orange ist in aller Munde etabliert und beliebt und damit perfekt für all jene, die sich mit ihren Drinks nicht von vornherein in unbekanntes Geschmacksterrain vorwagen wollen.

ZITRONE

Die bekanntermaßen saure Frucht kommt ursprünglich aus China und sorgt in der Küche weltweit für eine fein-fruchtige Note und ein süßes Aroma bei leichter Säure, das Fisch, Salate und Soßen abrundet. Außerdem ist die Zitrone in der Lage, Bluthochdruck und Fieber zu senken und den Stoffwechsel anzuregen, was sie nicht nur zum beliebtesten erfrischenden Zusatz im Wasser- oder Colaglas macht, sondern auch zum starken Partner im Erkältungstee an der Seite des Ingwers. **IM DRINK** kommen die guten Eigenschaften der gelben Zitrusfrucht natürlich ebenso zur Geltung, geben dem Getränk eine limonadige Frische bei angenehmer Säure. Gut zu wissen: Obwohl die Zitrone als sauer gilt, ist sie süßer als die Limette.

LIMETTE / KLEINE LIMONE

Ebenfalls aus Südostasien stammt die Limette: die Würzige unter den Zitrusfrüchten – und säuerlich-ölig obendrein. **IM DRINK** macht sich die grüne Frucht gegenüber der Zitrone durch einen höheren Fruchtsäure- und einen geringeren Fruchtzuckeranteil bemerkbar. Während die Zitrone dort einen erfrischenden Charakter zur Geltung bringt, punktet die Limette eher mit würzigem Aroma.

GRAPEFRUIT

Zu der für Zitrusfrüchte üblichen Säure kommt bei der Grapefruit eine einzigartige Bitterkeit hinzu, die sie von Limette und Zitrone unterscheidet. Das liegt vor allem an ihrem Ursprung: Bei der Grapefruit handelt es sich um eine Kreuzung aus Apfelsine und Pampelmuse, die von den westindischen Inseln stammt und in der jede Menge Vitamin C steckt. **IM DRINK** wird sie verwendet, wenn es nicht nur fruchtig, sondern auch herb sein soll. Ihre Bitterkeit harmoniert wunderbar mit Gin und Wacholder.

MARACUJA / PASSIONSFRUCHT

Die Passionsfrucht stammt aus Brasilien und kann je nach Reifegrad und Zustand ziemlich süß oder auch leicht säuerlich schmecken. Der Name kommt nicht etwa vom englischen Wort für Leidenschaft, sondern daher, dass die Jesuiten in Form und Farbe der Pflanze Symbole der Passion Christi entdeckt haben wollten, als sie die kernige Frucht in Südamerika ausfindig gemacht haben. **IM DRINK** wirkt die Maracuja mit exotischer Säure und blumiger Süße. Die kernige Textur des Fruchtfleisches schafft darüber hinaus ein ganz besonderes Mundgefühl.

GRANATAPFEL

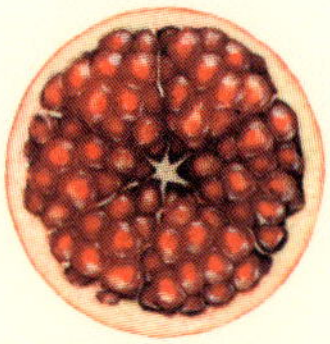

Der Granatapfel ist in Asien und dem Mittelmeerraum heimisch, den alten Griechen galt die Frucht als Symbol für die Gottheiten der Unterwelt. Doch auch wenn Hades die entführte Persephone damals mit verabreichten Granatapfelkernen dazu zwang, für ein Drittel des Jahres an seiner Seite die Unterwelt zu regieren, ist der Granatapfel heute vor allem für seine intensiv fruchtige Süße bekannt. **IM DRINK** findet er oft als Grenadinesirup Verwendung, dessen Flecken auf der Barschürze bekannt für ihre Hartnäckigkeit sind. Wer jedoch neben der Süße auch die fruchtigen Aromen von Beeren und bisweilen sogar Äpfeln wahrnehmen möchte, sollte es bei der Zubereitung mal mit einem frischen Granatapfel probieren.

MANGO

Die Mango kommt ursprünglich aus Indien und spielt bis heute als Nationalfrucht eine große Rolle in der buddhistischen und hinduistischen Tradition. Doch sie wächst auch in vielen tropischen Ländern auf der Südhalbkugel. Als Barkeeper kommt man an ihr nicht vorbei. **IM DRINK** dominiert ihre fruchtige Süße, während die faserige Textur dem Cocktail ein spezielles Mundgefühl verleiht. Und dann ist da noch der honigsüße Duft, der den meisten Mangodrinks ihr sommerliches Flair gibt.

ANANAS

Die aus Westindien und Paraguay stammende Frucht steht – zusammen mit der Kokosnuss – für den Begriff »Cocktail« wie kaum eine andere, beliebt im Marketing, nicht zuletzt dank ihrer Form. Christoph Kolumbus bekam sie 1493 als Willkommensgeschenk auf Guadeloupe überreicht. **IM DRINK** kommt ihr tropisch-fruchtiges Aroma zur Geltung neben einer ganz leicht nussigen Säure. Sie sollte übrigens bei nicht weniger als 15 °C gelagert werden, nachreifen wird sie eh nicht.

WASSERMELONE

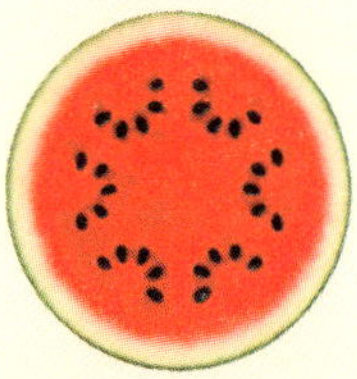

Der Ursprung der Wassermelone liegt in den tropischen Teilen Afrikas, weshalb auch schon die Ägypter vor über 4000 Jahren mit der wasserreichen Frucht die Sommerhitze konterten. Heute wächst sie auch von West- bis Zentralasien. **IM DRINK** sorgt sie für angenehme Entschärfung, dank saftiger Frische und mal mehr, mal weniger mehliger Textur. Dazu lassen sich je nach Drink auch Noten von Gurke oder Kürbis ahnen.

TRAUBE / WEINBEERE

Die Traube ist der verzweigte Bund, die Weinbeere die einzelne Frucht – das kommt im Alltag gern mal durcheinander. Zumal die Weintraube wiederum eigentlich nur die ausschließlich zur Weinherstellung verwendeten Früchte meint. **IM DRINK** sorgt sie für gleichermaßen süße wie saure Noten und ein würziges, leicht herbes Aroma.

HIMBEERE

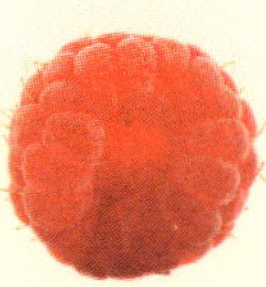

Die hierzulande in der Regel roten Himbeeren gibt es auch in Gelb – bei den Römern galten sie als Heilmittel gegen das Gift von Schlangen und Skorpionen. Heimisch ist sie aber nicht bloß in Südeuropa, sondern auch in Asien. Die heutige Himbeere für den eigenen Garten ist eine gezüchtete Kreuzung einer amerikanischen mit einer europäischen Unterart. **IM DRINK** kommt – bei passendem Rezept – ihre perlende Textur zur Geltung neben fruchtiger Süße und leichter Säure.

APFEL

Der aus dem Baltikum stammende Apfel ist in Europa so intensiv kultiviert, dass es allein in Deutschland über 2 000 Sorten geben soll. Schade, dass diese Vielfalt im Supermarkt praktisch nicht ankommt. **IM DRINK** unterscheiden sich die Auswirkungen je nach Sorte enorm, in einigen dominiert die Säure, in anderen die Süße, während die Textur mal mehr, mal weniger mehlig ist. In vielen Bars setzt man trotzdem auf die Auswahl im Supermarkt, da diese Sorten auf hohe Haltbarkeit hin gezüchtet wurden und langsamer braun werden.

GURKE

Die Gurke kommt aus Indien und gehört heute weltweit zu den beliebtesten und bedeutendsten Gemüsearten. Kein Wunder: Mit einem Wassergehalt von rund 95 Prozent taugt sie jederzeit als erfrischender Snack – egal ob als Salat- oder eingelegte Gewürzgurke. **IM DRINK** hat die Gurke in den letzten Jahren vor allem an der Seite von Gin & Tonic und Moscow Mule Karriere gemacht, doch ihr Potenzial ist damit längst nicht erschöpft. Wässrige Frische und leichte Bitterkeit wirken neutralisierend. Der perfekte Partner ist eine eher leichte Spirituose. Die Salatgurke ist mittlerweile in jeder Bar zu finden, auch wenn nicht jeder Gurkenliebhaber den Geschmack im Drink ebenso schätzt wie das knackige Stück in der Frühstückspause.

KAROTTE

Die orangerote Rübe wächst wahrscheinlich in jedem deutschen Gemüsebeet, ist gesund, kalorienarm und hat einen hohen Kaliumgehalt. Je nach Herkunft kann sie aber auch dunkelrot, violett oder gar weiß gefärbt sein. **IM DRINK** bringt sie eine erdige Würze mit, wie sie nur von Gemüse ausgehen kann. Trotzdem ist sie süß, harmoniert mit Früchten wie Orangen oder Papaya und ist daher eine immer wieder gern verwendete Zutat hinter der Bar.

ERBSEN

Das proteinreiche Gemüse fristet ein Schattendasein in der Bar-Kultur – wenn überhaupt. Zu Unrecht, denn sie macht sich gar nicht schlecht im Cocktail, auch wenn man sich an diese Vorstellung vielleicht erst noch gewöhnen muss. **IM DRINK** ist die knackige Süße und herbe Textur ein spannendes, wenngleich ungewohntes Erlebnis.

ROTE BETE

Auch Rote Bete hat inzwischen durchaus ihre Berechtigung im Zutatenfundus der Hausbar. Immerhin feiert sie auch in der Küche seit einigen Jahren ein kleines Comeback als gesundes, reichhaltiges Gemüse. Und das auch außerhalb vieler osteuropäischer Länder, in denen sie fast täglich ihren Weg in die Mahlzeiten findet. **IM DRINK** wird zunächst die Rotfärbung ersichtlich, die mit der Hinzugabe Roter Bete unausweichlich einhergeht. Dazu kommen elegante, erdige Noten bei einer ganz eigenen herben Süße, die insbesondere in Drinks mit Eiweiß und Buttermilch zur Geltung kommt.

ZUCKE

Ausgewählte Früchte und Kräuter bringen bereits Süße in den Drink – nicht zu vergessen die Filler. Trotzdem kommt man beim Cocktail an der expliziten Süße von Zucker und seinen Alternativen nicht vorbei. Und weil Zucker nicht gleich Zucker ist, braucht es zudem unterschiedliche Varianten: Raffinierter Zucker und Rohrzucker gehören zu den Standards. Dazu kommen Honig und die mittlerweile prominente kalorienfreie Zuckeralternative aus dem Dicksaft der Agaven. Im Cocktailrezept wird die Süße nicht selten durch Sirup eingefügt, denn Sirup kann mehr: Er ist nicht bloß süß, sondern transportiert auch das Aroma weiterer Zutaten. Das Kapitel Basisrezepte in diesem Buch hält viele unterschiedliche und auch unkonventionelle Siruprezepte bereit, z. B. Heusirup.

RAFFINADE

Wer im Supermarkt zum handelsüblichen Kilogrammpaket greift, hat höchstwahrscheinlich raffinierten Zucker in der Hand. Raffination nennt sich das Verfahren, mit dem aus dem Grundstoff der Zucker extrahiert, aufbereitet und gereinigt wird. Am Ende erhält man die weißen Kristalle. **IM DRINK** wirkt raffinierter Zucker einfach nur süß – ohne Schnickschnack.

ROHRZUCKER

Rohrzucker wird, der Name sagt es schon, aus Zuckerrohr gewonnen. Zwar kennt man die genaue Herkunft des Zuckerrohrs nicht, der Ursprung soll aber im südostasiatischen Raum liegen. Rohrzucker kann als raffinierter und rein weißer Zucker daherkommen, erste Assoziation ist für viele allerdings die leicht bräunliche Farbe. Die bleibt erhalten, wenn auf Teile der Raffination und Reinigung verzichtet wird. Entfallen diese Schritte komplett, spricht man von Vollrohrzucker. Er enthält noch die Vitamine, Minerale und das Aroma des eigentlichen Zuckerrohrsaftes. **IM DRINK** wirkt insbesondere der Vollrohrzucker nicht bloß süß, sondern bringt auch ein eigenes malziges Aroma mit leichter Karamellnote mit.

HONIG

Das süße Erzeugnis der Bienen ist zweifellos das vollmundigste aller Süßungsmittel. **IM DRINK** lässt sich der gute Honig aus dem Glas aufgrund seiner zähen Konsistenz kaum einsetzen. Damit es doch funktioniert, wird vorher Runny Honey draus gemacht. Das einfache Rezept dazu ist im Kapitel Basisrezepte zu finden.

AGAVENDICKSAFT

Gerade in den letzten Jahren hat der Agavendicksaft als vegane Alternative zum Honig Karriere gemacht. Der Saft aus der Agave ist deutlich süßer als Zucker. **IM DRINK** macht sich neben der Süße eine feine nussig-karamellige Note und die seidige Textur bemerkbar.

AHORNSIRUP

Der Ahornsirup heißt zwar Arhornsirup, eigentlich handelt es sich aber um den eingedickten Saft aus dem Stamm des Zucker-Ahorns. Damit ähnelt das Produkt eher dem Agavendicksaft als einem tatsächlichen Sirup. Der Saft ist nicht nur das klassische Süßungsmittel für den Pancake, sondern auch Teil so mancher Cocktailrezeptur. Kein Wunder: **IM DRINK** tritt der Ahornsirup mit leichter Karamellnote in Erscheinung, seine Süße wirkt als verbindendes Element zwischen weiteren Zutaten.

BITTERS

Was dem Koch Salz und Pfeffer, ist dem Bartender der Cocktail-Bitter. Die zumeist dunkle Flüssigkeit aus kleinem Fläschchen ist zweifellos ein Hidden Champion hinter der Bar. In der Wahrnehmung des Gastes ist der Bitter kaum mehr als eine Randerscheinung, genau wie die Menge im Drink – denn zumeist genügen wenige Tropfen. Aber die Optik täuscht.

Auch Klassiker wie der Old Fashioned oder der Manhattan wären ohne die typischen Aromen jener Tinktur undenkbar, die am Anfang jedes Bitter-ABCs steht: A wie Angostura. Er ist nicht nur der klassischste und bis heute populärste aller Bitter, sondern auch deren historischer Ursprung. Der deutsche Arzt Johann Gottlieb Benjamin Siebert suchte Anfang des 19. Jahrhunderts in einem venezolanischen Lazarett nach einer Medizin gegen die in Südamerika typischen Tropenkrankheiten. 1824 konnte er seinem Befehlshaber, dem berühmten südamerikanischen Freiheitskämpfer Simón Bolívar, das Ergebnis präsentieren: Angostura, benannt nach dem Ort des Geschehens. Die Stadt trägt heute den Namen Ciudad Bolívar. Die Rinde des Angosturabaumes war allerdings nie Teil der Rezeptur. Das hochprozentige Tonikum wurde schnell zur Universalmedikation: Magenschmerzen? Versuch es mit Angostura. Fieber? Nimm Angostura. Ausschlag? Ein bisschen Angostura dürfte helfen.

Es dauerte allerdings nicht lange, bis die Karriere des Bitters als würzige Tinktur zur geschmacklichen Verfeinerung von Speisen und Getränken begann. Siebert selbst erkannte das Potenzial, gründete 1850 das Unternehmen Angostura und machte sich daran, sein Produkt zu vermarkten. Den eigenen Angaben nach wird Angostura bis heute nach dem Originalrezept des Gründers hergestellt und in kleinen Fläschchen mit einem zu langen Etikett verkauft, das weit über die Flaschenschulter hinausragt. Dieses Markenzeichen geht auf ein historisches Missverständnis zurück: Als der Erfinder 1870 verstarb, übernahmen die Söhne das Unternehmen. Man suchte nach einer neuen Aufmachung, und während der eine Sohn sich um eine neue Flasche kümmerte, oblag dem anderen die Gestaltung des Etiketts. Am Ende stellte man fest: Hier passte was nicht zusammen. Für Änderungen war es allerdings zu spät, also wurde das zu große Etikett auf die zu kleine Flasche geklebt. Dabei ist man bis heute geblieben.

DIE HOHE KUNST DER MAZERATION

Dass der Bitter zum unabdingbaren Bestandteil der Cocktailwelt geworden ist, verdankt er seinen Fähigkeiten. Ein paar Tropfen genügen, und geschmacklich konträre Zutaten finden unter dem Gaumen zusammen. Die Würze der Tinktur bringt zudem neue Nuancen mit und verleiht einem Drink mehr Tiefe und Komplexität. Außerdem benutzen ihn Bartender, um geschmackliche Spitzen abzuschleifen oder um einen aus der Balance geratenen Drink wieder geradezurücken. Zweifellos macht all das den Bitter zum Universalwerkzeug, mit dem es jedoch vorsichtig umzugehen gilt. Zwei Tropfen zu viel – und aus gewollter Balance wird Schieflage in Gegenrichtung.

Woher kommt diese Kraft – oder anders gefragt: Was ist drin? Was macht den Bitter so bitter? Und woher kommt die raffinierte Würze?

Erster entscheidender Bestandteil: Alkohol. Ein klassischer Cocktail-Bitter enthält meist 30 bis 50 Prozent neutralen Alkohol, der als Geschmacksträger und Stabilisator dient. Damit kommt der Bitter auf den gleichen Alkoholgehalt wie klassische Spirituosen. Trotzdem gilt er nicht als alkoholhaltiges Getränk – non-potable – wie der angloamerikanische Bartender sagt, denn der pure Genuss vermag den stärksten Geschmacksnerv reißen zu lassen. Weil selbst der härteste Trinker lieber verzichten würde, als zum Bitter zu greifen, durfte die hochprozentige Würze selbst zu Zeiten der Prohibition frei verkauft werden.

Die Bitterkeit wird durch Bitterstoffe bestimmter Zutaten erreicht, die mehrere Wochen lang in Alkohol eingelegt werden – Mazeration nennt sich dieser Prozess. Die für die Bitterkeit essenziellen Zutaten unterscheiden sich von Rezept zu Rezept, oft kommen aber Chinarinde, Enzianwurzel oder Samen zum Einsatz. Die feineren Aromen in den Aromatic Bitters, die die reine Bitterkeit umspielen, gelangen ebenfalls per Mazeration oder Infusion in die Tinktur. Nicht selten enthält ein Cocktail-Bitter zwei bis drei Dutzend Ingredienzien aus der Pflanzenwelt. Kardamom, Zimt und Vanille schaffen eine warme Würze, Grapefruit oder Orangen geben dem Bitter eine frische Zitrusnote. Die Kunst der Herstellung besteht aber nicht nur darin, eine runde Kombination unzähliger Zutaten zu finden, sondern auch in der richtigen Verfahrensweise. So werden die Zutaten meist getrennt oder in bestimmten Gruppen, vor allem aber unterschiedlich lange mazeriert und erst später zusammengefügt, um dann unter Umständen noch einmal gemeinsam für ein bis zwei Wochen zu reifen. Die Herstellung eines Bitters ist also ein komplizierter Prozess, der sich über mehrere Wochen, wenn nicht gar Monate hinzieht. Kein Wunder, dass Angostura-Erfinder Siebert Jahre brauchte, um seinen berühmten Bitter zu kreieren.

DURCHBLICK IM BITTERWALD

In den letzten Jahren hat sich das Angebot an Cocktail-Bitters vervielfacht, in kleinen Manufakturen werden ständig neue Sorten erdacht. Das eröffnet dem Bartender ganz neue Möglichkeiten, erschwert allerdings den Überblick. Einsteiger machen mit den traditionsbewussten Klassikern der Kategorie Aromatic Bitters zunächst nichts falsch, Peychaud's und Angostura sind nicht ohne Grund in jeder Bar zu finden. Auch ein Orange oder Grapefruit Bitter macht sich in der Startaufstellung gut, aber dann wird es auch schon kompliziert: Bitters mit Kaffee- oder Schokoladenaroma, Bitters aus Beeren oder Gemüse, Bitters mit der Schärfe von Chili – die Möglichkeiten sind endlos. Damit keine ungeliebten Sorten gekauft werden, um im Regal einzustauben, lohnt sich in jedem Fall der Besuch im Fachhandel oder in der Bar des Vertrauens. Dort kann man probieren. Ein Tropfen zwischen Daumen und Zeigefinger, dann mit der Zunge ablecken. So lässt sich der Charakter eines Bitters erkennen. Falls man sich doch mit einer Faustregel behelfen möchte: dunkle, würzige Bitters für dunkle Spirituosen wie Whisky oder Brandy, hellere, florale oder fruchtige Bitters für helle Spirituosen wie Tequila oder Gin. Wohlgemerkt: Unzählige Ausnahmen bestätigen die Regel.

EIS

Ob im Shaker, im Rührglas oder im Gästeglas: Eis ist Bestandteil praktisch eines jeden Drinks – und deshalb besonders wichtig. Nicht umsonst nennen Bartender es das »Gold der Bar« – dieser Goldstandard sollte auch für die Hausbar gelten.

Wohl jeder kennt diese Situation: eine Party in der Privatwohnung, wie immer ist der beste Ort die Küche. Auf Tisch und Spüle: Spirituosen, Limonaden, Zitronen, Limetten. »Und das Eis ist im Gefrierfach«, sagt der Gastgeber. Schnell ist es weg. Was nicht in den Drinks landet, schmilzt zusehends dahin, weil es nicht zurückgeräumt wurde. Tja, und dann? Warme oder halbkalte Drinks munden einfach nicht so gut, tiefe Temperatur ist eine Grundvoraussetzung für den Genuss. Doch es ist gar nicht so schwierig, seinen Gästen gute Drinks mit gutem Eis anzubieten. Es müssen nur ein paar Spielregeln beachtet werden.

HIER SIND UNSERE 5 TIPPS

1. VIEL EIS

Großzügige Eiskalkulation zahlt sich immer aus – man schaue sich nur an, mit wie viel Gefrorenem professionelle Bars hantieren. Zumal ein großer Teil der Drinks doppelt Eis braucht: erst im Shaker, dann im Gästeglas. Selbst wenn keines im Gästeglas mitserviert wird, wie es bei vielen gerührten Drinks der Fall ist, wird das Glas selbst in Bars oft mit Eiswürfeln vorgekühlt. Es kann also nie genug Eis sein. Wer es sich einfach machen will, kauft vor dem Eintreffen der Gäste Würfeleis oder Crushed Ice im Supermarkt, an der Tankstelle oder am Kiosk. Das hat ausreichende Qualität, muss aber sofort wieder ins Kalte, am besten in die Truhe.

2. HYGIENE IST DAS A UND O

Eiswerkzeuge, wie Bartender sie verwenden, sind nicht etepetete, sondern dienen der Hygiene: Denn Eis kommt direkt mit der Flüssigkeit in Berührung, und die trinkt der Gast, deswegen sollte Eis nicht mit den bloßen Händen angefasst werden. In Shaker und Rührglas lässt es sich gut mit einer Eisschaufel geben, wer diese nicht zur Hand hat, nimmt einen großen Löffel oder ein anderes Küchenutensil. Eine Zange ist ideal, um Eis ins Gästeglas zu geben, aber auch hier geht ein Löffel. Oder die Spaghettizange, falls sie nicht direkt zuvor für die Pasta zum Einsatz kam. Die Behältnisse, in denen gefroren wird, sollten nach Verwendung stets gut gesäubert werden.

3. VORAUSSCHAUEND KÜHLEN

Logisch: Wasser braucht Zeit, um zu gefrieren. Wer also selbst Eis herstellen und nicht (wie in Punkt 1 beschrieben) einkaufen will, der sollte sich nicht erst am Tag der Cocktailparty darum kümmern. Und wenn es spontan ein guter Drink sein soll, dann muss es ja auch schon da sein. Also: Vorher dran denken und entsprechend viel vorproduzieren. Übrigens können auch Gläser selbst sehr gut gekühlt werden. Je kühler das Trinkgefäß, desto weniger Kühlleistung durchs Eis (und durch Shaken und Rühren) ist nötig. Dabei ist zu beachten, dass die Gläser trocken sind – Feuchtigkeit bildet, na klar, Eis, aber in der Regel ungewolltes, am Glas festgefrorenes. Und: Bitterlimonaden gehören in den Kühlschrank.

4. VOLUMINA BEACHTEN

Physikalische Basics: Das Verhältnis von Oberfläche zu Volumen spielt eine wichtige Rolle. Eis mit viel Oberfläche und wenig Volumen – zum Beispiel das Crushed Ice – kühlt schnell, verwässert aber auch schnell. Das kennt man vom letzten Schluck manches Caipirinha. Eis mit wenig Oberfläche und viel Volumen, im Idealfall ein großer Eisball oder -quader, kühlt langsamer, verwässert aber auch weniger. Solche Eisformen sieht man oft in spirituosenbetonten Drinks wie einem Old Fashioned oder einem Negroni. Spritzige Drinks mit Bitterlimonaden benötigen in der Regel klassisches, festes Würfeleis. Je nach Drink braucht es also unterschiedliche Formen – und dafür gibt es online und im Fachhandel spezielle Behältnisse zum Beispiel aus Metall oder Silikon.

5. KLARES EIS BRAUCHT SPEZIELLE BEHANDLUNG

Klares, durchsichtiges Eis ist einfach sexy. Und gar nicht so schwer herzustellen, man muss nur ein paar Dinge beachten. Erstens dass Eis von außen nach innen friert und dabei die Luft, die sich im Wasser befindet, in die Mitte wandert und dort eingeschlossen wird. Deswegen ist Eis in der Mitte immer am trübsten. Dies lässt sich verhindern, indem man sich eine teure Eismaschine kauft. Oder indem man ein Behältnis nimmt, zum Beispiel einen Styroporkarton, und auf dessen Boden eine Metallplatte legt. Ab damit – ohne Deckel – ins Kalte. Was passiert? Das Wasser friert nun schneller von unten nach oben, die Luftbläschen wandern nach oben und entweichen. Mit einem Pickel aus dem Baumarkt (oder aus dem Gastronomie-Fachhandel) lassen sich mit etwas Geschick dann kleinere Stücke aus dem großen Ganzen abspalten und mit einem scharfen Messer weiter formen. Aber bitte schön vorsichtig.

TH

FILLER

SPRITZIGE SPEZIALISTEN FÜR DEN DRINK:

DIE FILLER

Aus der Bar sind sie nicht wegzudenken: Tonic Water, Bitter Lemon, Ginger Ale, Soda Water, Ginger Beer & Co. In ihrer Gesamtheit werden sie oft als »Bitterlimonaden« bezeichnet, von Bartendern auch als »Filler« oder, vor allem im englischsprachigen Ausland, als »Mixer«. Was eigentlich ein Understatement ist. Denn sie sind essenzieller Bestandteil einer Vielzahl von Drinks und haben eine eigene, teils sehr lange Tradition und Geschichte.

Das Soda Water, ein Wasser mit besonders hohem Kohlensäuregehalt, ist die Basis, die Mutter aller Limonaden. Wasser mit Kohlensäure sind hierzulande bestens bekannt: Rund 500 Sorten aus insgesamt 200 Mineralbrunnen stehen als Durstlöscher bereit. Doch an der Bar empfiehlt es sich, Soda statt Sprudel zu nehmen.

Warum? Ganz einfach beziehungsweise zweifach: Erstens verfügt klassisches Mineralwasser schlicht und ergreifend über deutlich weniger Kohlensäure – für spritzige Longdrinks braucht es mehr. Und zweitens: Ausgewiesenes Mineralwasser verfügt, der Name sagt es, über Mineralien. Die mögen gut für die Gesundheit sein, beim Drink jedoch verschieben sie den Geschmack in mitunter unerwünschte Richtungen. Beim Soda Water kommt noch eine weitere Komponente hinzu: Natriumhydrogencarbonat. Mindestens 570 Milligramm des Natriumsalzes der Kohlensäure müssen in einem Liter stecken – erst dann darf der Name Soda Water verwendet werden. Entwickelt wurde das Soda Water ursprünglich, um Trinkwasser für die britische Kriegsmarine zu konservieren. Im 18. Jahrhundert wurde eifrig getüftelt, um dieses Ziel zu erreichen. Dabei gelang es 1773 einem Apotheker aus Manchester, Thomas Henry, die Karbonisierung und somit die Haltbarmachung von Wasser maßgeblich voranzutreiben. Er sorgte damit nicht nur für gesündere Matrosen, sondern legte nebenbei einen Grundstein für unser heutiges Basisprodukt der Bar.

Die Geschichte der Bar-Limonaden geht aber noch weiter zurück: So war schon vor über 500 Jahren im heutigen Mexiko ein leicht fermentierter – und somit kohlensäurehaltiger – Grapefruitsaft sehr beliebt. Der wurde oft in Kombination mit Pulque – einem aus Agaven gewonnenen Wein – und einem Spritzer Limette getrunken. Man könnte sagen, das war ein Proto-Longdrink. Auch in der Karibik kannte man den Effekt der Fermentation. Dort kombinierte man den so gegorenen Ingwersaft mit Rum. Dieser Mix heißt heute Dark and Stormy – gemacht mit dem kultigen Ginger Beer, der nächsten Limonade, die heute in den Bars der Welt eine wichtige Rolle spielt.

Bier? Limonade? Was denn nun? Als das Ginger Beer im 18. Jahrhundert die Bühne betrat, wurde es tatsächlich wie ein Bier gebraut und enthielt Alkohol. Heute gibt es viele Varianten, bei denen auf die Fermentation – und somit auch auf den Alkohol – verzichtet wird. An der Bar wird ausschließlich die alkoholfreie Limonade verwendet, dem Ginger Ale nicht unähnlich, aber mit deutlich mehr Ingwer, also schärfer im Geschmack. In Deutschland war dieses Ginger Beer lange Zeit fast ausschließlich in Asia-Shops zu bekommen. Doch immer mehr Bartender entdeckten das scharf-süße Getränk für sich und ihre Drinks, allen voran den Moscow Mule mit Wodka, Limette und eben Ginger Beer. Ein Longdrink, der schon in den 1940er-Jahren in den USA entstand und dort einen regelrechten Hype auslöste – in Mitteleuropa hingegen bis vor wenigen Jahren noch ein Geheimtipp war. Die Liebe zum Moscow Mule begann, als Thomas Henry aus Berlin im Jahr 2010 als erstes deutsches Unternehmen ein eigenes Ginger Beer namens »Spicy Ginger« auf den Markt brachte. Mit seiner ausgezeichneten »Mixability«, wie Bartender es nennen, ist die mit scharfem Ingwer hergestellte Limonade eine perfekte Grundlage für eine Vielzahl von Drinks.

Und das Ginger Ale? Ein Kühlschrankfavorit weltweit. Im Gegensatz zum trüben Ginger Beer hat es eine klare Flüssigkeit und weniger Schärfe. Zwischen zwei Sorten

wird unterschieden: den pikanten »golden style« mit dunkler Farbe und den hierzulande bekannteren »dry style« mit hellerer, blasserer Färbung. Der bekannteste und beliebteste Drink mit Ginger Ale ist der Horse's Neck.

Der absolute Klassiker unter den Bitterlimonaden ist jedoch das Tonic Water. Mit seinem Wechselspiel aus Bitterkeit und Süße schmeckt es wie für den Gin gemacht. Doch auch hier gibt es eine Vorgeschichte, die mit der Bar erst einmal nichts zu tun hat: Bei der britischen Marine versetzte man ab dem 19. Jahrhundert Soda Water mit dem aus der südamerikanischen Chinarinde gewonnenen Chinin, um Malaria-Erkrankungen vorzubeugen. Seeleute im Dienste der Krone, die sich im südostasiatischen oder afrikanischen Raum aufhielten, erhielten einen Trinkbefehl. Dem leisteten sie Folge, auch wenn es ihnen nicht sonderlich schmeckte. Der hohe Chiningehalt machte die Mischung zu einer außerordentlich bitteren Angelegenheit. Also gaben die Soldaten Zucker hinzu. Und Gin! Geboren war der Longdrink unter den Longdrinks.

Die Geschichte des Bitter Lemon ist eng mit der des Tonic Water verknüpft beziehungweise eine unmittelbare Weiterentwicklung des gleichen Prinzips. Keine Überraschung also, dass man es im englischsprachigen Raum auch als »Lemon Tonic« kennt. Tonic Water wird zusätzlich mit Zitronensaft oder Zitronensäure aromatisiert und erhält so seine typische, milchig-trübe Farbe. Es wurde ebenfalls erst zum Schutz gegen Malaria getrunken, seinen Siegeszug trat dieses fruchtig-säuerliche und zugleich etwas mildere Tonic in den frühen 1980er-Jahren an. Wodka Lemon ist nach wie vor ein Diskotheken-Klassiker.

In den vergangenen Jahren sind viele Tonic-Water-Variationen in unterschiedlichsten Geschmacksrichtungen hinzugekommen. Zum Beispiel mit Holunder- oder Kirschblüte, mit Bergamotte oder mit Cold Brew: kalt extrahiertem, hocharomatischem und koffeinreichem Kaffee. So lassen sich viele Drinks vom Gin & Tonic bis zu komplexen Cocktails auf einfache und geschmackvolle Art verfeinern. In vielen Bars ist es heute nicht ungewöhnlich, dass die Gäste nicht nur die Spirituose für ihren Drink individuell aussuchen, sondern eben auch aus diversen Tonic-Versionen ihren Favoriten wählen. Ein Prinzip, das auch an der Hausbar für Spaß und Abwechslung sorgt: Ein Drink mit zwei oder drei verschiedenen Tonics gereicht garantiert überraschende Ergebnisse.

Und sowieso: Der Kreativität bei der Verwendung von Fillern sind keine Grenzen gesetzt. Von der klassischen Cola über exotische Limonaden (z. B. mit Mango) bis zu fermentierten Getränken wie Tepache aus Ananas oder Kombucha aus Tee und Pilzen öffnet sich hier ein weites Feld, wie Drinks noch besonderer werden.

THOMAS HENRY
SPICY GINGER
THOMAS HENRY
Est. 2010
Ultimate GRAPEFRUIT
LEMONADE
THOMAS HENRY
CHERRY BLOSSOM TONIC
THOMAS HENRY
Est. 2010
Mystic MANGO
LEMONADE
THOMAS HENRY
ELDERFLOWER TONIC
THOMAS HENRY
SODA WATER
THOMAS HENRY
COFFEE TONIC
THOMAS HENRY
BITTER LEMON
THOMAS HENRY
TONIC WATER
THOMAS HENRY
GINGER ALE

10 PRODUKTE

FÜR DIE BESTEN DRINKS IN DEN BESTEN HAUSBARS

TONIC WATER

Sein besonders hoher Chiningehalt und leicht florale Zitrusaromen machen dieses Tonic Water schon pur zum vornehm-erfrischenden Geschmackserlebnis. Und welcher Gin auch immer der persönliche Favorit sein mag: Mit diesem Filler schmeckt der »G&T« stets grandios.

COFFEE TONIC

Über Stunden entzieht kaltes Wasser Kaffeebohnen den feinen, vollen Geschmack. Das Ergebnis ist ein koffeinreicher Cold Brew mit dezenter Säure und feiner Bitterkeit. Mit Tonic Water zu Thomas Henry Coffee Tonic vereint, passt dieser Filler mit Kick perfekt zu Rum und Kräuterlikören.

ELDERFLOWER TONIC

Dieses besondere Tonic fügt der bekannten sanften Bitterness eine blumige Holunderblütennote hinzu. So verleiht es Klassikern mit Gin oder Wodka einen lieblichen, floralen Twist. Hier öffnen sich Türen in ganz neue Geschmackswelten, in denen leckere Drinks warten.

CHERRY BLOSSOM TONIC

Ein Blütenfest im Glas ist dieses Tonic mit einzigartigem Geschmack: Hier finden die sanfte Tonic-Bitterness und die floralen Noten der Kirschblüte zueinander. Auch optisch ein Genuss! So wird nicht nur der klassische Gin & Tonic zum Frühlingserwachen.

SPICY GINGER

Die erste in Deutschland hergestellte Ingwerlimonade nach dem Vorbild des englischen Ginger Beer ist eine Sinneserfrischung der besonderen Art. Longdrinks wie dem Moscow Mule mit Wodka oder dem Dark 'n' Stormy mit Rum gibt sie Schärfe und Süße.

GINGER ALE

Liebhaber klassischer Longdrinks, Puristen und Experimentierfreudige: Alle lieben die natürlichen Ingweraromen und den intensiven, würzigen Geschmack dieses Ginger Ale – ob als pures Vergnügen oder für mehr Gingerness im Drink.

BITTER LEMON

Weniger süß, dafür sorgt extra viel Chinin für sanfte Bitterness. Feinherbe, natürliche Zitrusaromen lassen die Geschmacksknospen sich lustvoll zusammenziehen. Ist perfekt für den Klassiker Wodka Lemon und paart sich gut mit Gin und vielen anderen Spirituosen.

SODA WATER

Das Traditionsprodukt in der Thomas-Henry-Familie trägt die Handschrift des Sodawasser-Erfinders aus Manchester. Natürliches Mineralwasser und feinperlige Kohlensäure machen dieses Getränk frisch, klar und sexy – deshalb gehört es in jede gut sortierte Hausbar.

MYSTIC MANGO

Sie sieht gut aus, und sie schmeckt noch besser: Die Mango gilt in Asien als Speise der Götter. Hier trifft ihre herrliche Süße auf die säuerliche, mystische Pitangafrucht. Schmeckt pur, auf Eis mit Limette oder zum Longdrink gemixt.

ULTIMATE GRAPEFRUIT

Süß und sauer – in perfekter Harmonie. Barkeeper weltweit waren schon lange auf der Suche nach einer perfekten Grapefruitlimonade, und das Ergebnis ist ultimativ. Schmeckt pur, auf Eis mit Limette und natürlich in vielen Drinks.

SEIT 2010 BEREICHERN DIE PRODUKTE VON THOMAS HENRY AUS BERLIN DIE BARS UND GETRÄNKEREGALE DIESER WELT. AKTUELL GIBT ES ZEHN SORTEN UNTER DEM NAMEN THOMAS HENRY. UND WEIL DER KREATIVE AUSTAUSCH MIT DER GLOBALEN BARSZENE UND FÜHRENDEN MIXOLOGEN IMMER IM MITTELPUNKT DES ENGAGEMENTS STEHT, WIRD ES AUCH IN ZUKUNFT REGELMÄSSIG ERFRISCHENDE NEUIGKEITEN GEBEN.

GIN & TONIC

Vier große Eiswürfel in einem Wein- oder Longdrinkglas mit **40 ml GIN** benetzen, Garnitur nach Geschmack (siehe Seite 29) hinzufügen und mit **THOMAS HENRY TONIC WATER** auffüllen.

RED COFFEE HIGHBALL

Eiswürfel in ein Longdrinkglas geben und **40 ml CAMPARI** hinzugeben.
Mit **THOMAS HENRY COFFEE TONIC** auffüllen und
mit einer Orangenzeste garnieren.

THE HENRY

50 ml WERMUT, 10 ml LIMETTENSAFT und Eiswürfel in ein Weinglas geben. Mit **THOMAS HENRY ELDERFLOWER TONIC** aufgießen und mit einem Minzzweig garnieren.

BLOOMY ♡ CUP ♡

Eiswürfel mit **40 ml WERMUT** in ein Weinglas geben und kurz umrühren. Mit **THOMAS HENRY CHERRY BLOSSOM TONIC** aufgießen und mit einer Orangenzeste garnieren.

MOSCOW MULE

Kupferbecher oder Longdrinkglas mit Eiswürfeln füllen und **40 ml WODKA** sowie **20 ml LIMETTENSAFT** hinzugeben. Mit **THOMAS HENRY SPICY GINGER** auffüllen und mit Gurkenscheiben garnieren.

HORSE'S NECK

Eis in einen Tumbler geben, **40 ml WHISKEY, 2 SPRITZER ANGOSTURA BITTER** hinzufügen, mit **THOMAS HENRY GINGER ALE** auffüllen und mit Zitronenzeste garnieren.

✦ VODKA ✦ LEMON

Vier große Eiswürfel in einem Longdrinkglas mit
40 ml WODKA benetzen, mit **THOMAS HENRY BITTER LEMON**
auffüllen und mit Limettenspalten garnieren.

SKINNY BITCH

Eiswürfel in ein Londrinkglas geben und **40 ml WODKA** hinzufügen. Mit **THOMAS HENRY SODA WATER** aufgießen und nach Geschmack garnieren (siehe Seite 29).

MYSTIC & SPICE

Tumbler mit Eis füllen, **20 ml LIMETTENSAFT** und **40 ml RUM** hinzugeben. Mit **THOMAS HENRY MYSTIC MANGO** auffüllen. Umrühren und mit Limettenspalten dekorieren.

HENRY'S PALOMA

Eis, **40 ml TEQUILA** (weiß) und **20 ml LIMETTENSAFT** in einen Tonkrug bzw. ein Longdrinkglas geben. Mit **THOMAS HENRY ULTIMATE GRAPEFRUIT** auffüllen und mit Limettenrad garnieren. Zuletzt mit einer kleinen Prise Salz verfeinern.

OLD FASHIONE
sugar rye angostura club

REZEPTE

GIN & GENEVER

WACHOLDER-WELTEN

Keine Spirituose hat in den letzten zehn Jahren eine vergleichbare Renaissance erlebt wie der Gin. Selbst die Produkte kleiner Destillerien, die noch als Start-up durchgehen, füllen mittlerweile ganze Bar-Regale. Und mit den New Western Dry Gins ist sogar eine ganz neue Gin-Kategorie entstanden, die nicht mehr nur den Wacholder, sondern auch ganz andere Aromen unter dem Oberbegriff Botanicals ins geschmackliche Zentrum der Spirituose rückt.

Die Geschichte des Gins beginnt jedoch mit dem Genever und in Holland. Bereits im späten Mittelalter hat man dort Malzwein destilliert, zur geschmacklichen Verbesserung Wacholderbeeren hinzugefügt und die daraus entstandene Spirituose zunächst als Medizin bei Magenproblemen, Gicht und Gallensteinen verwendet. Dank steter Verbesserungen von Destillationstechnik und Rezeptur wurde der Genever gern getrunken und entwickelte sichzur holländischen Nationalspirituose und mit ihm das Städtchen Schiedam zum Zentrum der Genever-Industrie.

Heute unterscheidet man insbesondere zwei Arten des Genevers: oude und jonge, was alt bzw. jung bedeutet, letztlich aber gar keine Frage des Alters, sondern eine der Rezeptur und der Destillationstechnik ist. Oude Genever wird zu mindestens 15 Prozent aus Moutwijn, wie der Malzwein auf Holländisch heißt, hergestellt. Hinzu kommt Getreide-, also Neutral- oder Agraralkohol, und in einer weiteren Destillation werden geschmackstragende Zusätze wie Wacholder, Koriander und andere Botanicals hinzugefügt. 20 Gramm Zucker dürfen in einem Liter enthalten sein.

Beim Jonge Genever macht der Moutwijn maximal 15 Prozent des Grundstoffes aus. Der Anteil des geschmacksneutralen Alkohols ist somit deutlich höher, maximal 10 Gramm Zucker pro Liter sind erlaubt.

Die geschmacklichen Unterschiede werden hier schon deutlich: Der Oude Genever schmeckt malziger, süßer und hat ein volleres Wacholderaroma als der aufgrund des höheren Getreidealkohol- und geringeren Zuckeranteils schärfere Jonge Genever. Vom Jonge Genever ist der Gin nicht mehr weit entfernt.

ZU VIEL GIN FÜR ALLE

Im 17. Jahrhundert kämpften britische Soldaten im Spanisch-Holländischen Krieg auf dem niederländischen Festland gegen die spanische Krone. Um mutig gegen die Feinde zu bestehen, tranken sie Genever, der daraufhin als »Dutch Courage« – holländischer Mut – ins englische Vokabular einging. Der alkoholhaltige Mutmacher gelangte im Gepäck der Heimkehrer auf die britische Insel. Am Ende war es König William III., besser bekannt als William of Orange, der die Herstellung von Spirituosen im britischen Königreich forcierte, um nicht länger den Cognac der verhassten Franzosen importieren zu müssen. Andere Spirituosenimporte wurden außerdem hoch besteuert, Gleiches galt für Bier und Wein. Damit wurde der Gin zum günstigsten aller Alkoholika in England. Herstellung und Konsum explodierten gleichermaßen, spätestens als Queen Anne 1702 die Regentschaft übernahm und die Gin-Herstellung jeder Beschränkung enthob. Man schätzt, dass um 1740 jeder Engländer – Kinder mitgerechnet – durchschnittlich einen halben Liter Gin pro Tag trank. Mit der ganz offensichtlichen Folge, dass sich die englische Bevölkerung quasi im Dauerrausch befand. Zwar sollte der Konsum bereits mit dem wenige Jahre zuvor verabschiedeten »Gin Act« eingedämmt werden, doch durch die strikte Gesetzgebung wurde Gin so teuer, dass der Schwarzmarkt explodierte. Zudem kam es zu Aufständen, die als »Gin Riots« in die Geschichtsbücher eingingen.

TRADITION UND HYPE

Erst durch den »Tippling Act« von 1751 entspannte sich die Situation. Er vergünstigte die Lizenzen zur Herstellung, verbot den Herstellern jedoch den direkten Verkauf an Endkonsumenten. Der Konsum reduzierte sich, die Anzahl der Destillerien ebenfalls, gleichzeitig stieg die bis dahin mindere Qualität der Spirituose.

Im Zuge der Industrialisierung verbesserte sich die Destillationstechnik, Rezepturen wurden mit Kräutern und Gewürzen aus den britischen Kolonien verfeinert.

Heute ist Koriander neben Wacholder die zweite obligatorische Zutat. Aus den Kolonien stammt auch eine Rinde, aus der sich der Bitterstoff Chinin gewinnen ließ, die entscheidende Zutat des Tonic Water, jener Bitterlimonade also, die in Kombination mit dem Gin zum beliebtesten Longdrink der Welt wurde – zum Gin & Tonic. Als flexible und gleichzeitig aromatische Spirituose hatte der Gin in der aufkommenden Cocktailkultur des 20. Jahrhunderts schnell freie Platzwahl im nächtlichen Bar-Theater. Dann kam allerdings der Wodka, stahl dem Gin nicht nur die Show, sondern machte auch gleich deutlich, dass dessen Dauerkarte sich auf den Platz neben dem Tonic Water beschränkt.

Die Anzahl der Destillerien in Großbritannien schrumpfte daraufhin dramatisch. Zwar gibt es die älteste Brennerei, die Plymouth Gin Distillery, bis heute. Doch in der britischen Hauptstadt sind es noch gerade mal drei große Destillerien. Das mag verwundern. Immerhin verspricht die Vielfalt im gegenwärtig gut sortierten Bar-Regal mehr als ein Dutzend unterschiedliche Gins, von deren Emblem die Worte »London Dry« hinab Richtung Theke rufen. Allein, es geht dabei nicht um Herkunft. Ein London Dry Gin muss gar nicht aus der namensgebenden Stadt kommen, um dieses Label tragen zu dürfen. Die Klassifizierung, und insbesondere die Differenzierung von Gin, erfolgt anhand des Destillationsvorgangs – und wird zum Beispiel durch die Spirituosenverordnung der EU geregelt. In einer Sache sind sich die Bartender allerdings einig: Ist der Wacholder im Gin nicht mehr zu schmecken, ist die Spirituose ihrer drei Buchstaben nicht würdig.

DAS GIN-EINMALEINS

*Beim **DRY GIN** gelten eher lockere Regeln. Ihm dürfen natürliche oder naturähnliche Zutaten, aber auch Farbstoffe hinzugefügt werden. Der Zeitpunkt der Zugabe ist allerdings nicht festgelegt. Dadurch entsteht Spielraum für die Entwicklung der Aromen und des Charakters der Spirituose. Nachträglich gesüßt werden darf dieser Gin nicht – dry bleibt dry.*

*Ein **LONDON DRY GIN** hat einen Alkoholgehalt von mindestens 37,5 Prozent. Als Basis dient pflanzlicher Alkohol, aromatisiert wird mit ausschließlich natürlichen Zutaten, die während der Destillation gleichzeitig hinzugefügt werden.*

*Der **SLOE GIN** ist eigentlich ein Likör. Das bedeutet: weniger Alkohol, mehr Zucker. Man erkennt ihn an der rötlichen Färbung, die im Verlauf der besonderen Herstellung entsteht: Die Beeren der Schlehe werden nicht während der Destillation hinzugefügt, sondern mit Zucker im fertigen Gin eingelegt.*

*Der **NEW WESTERN DRY GIN** ist die jüngste Weiterentwicklung und maßgeblich für die aktuelle Popularität der Spirituose verantwortlich. Das Alleinstellungsmerkmal: Hier rücken weitere Botanicals ins Geschmackszentrum, teilweise bis ganz nah an den »vorherrschenden« Wacholder heran. Ob mit Kardamom, Früchten oder Blüten aus dem Schwarzwald – heutzutage lässt sich zu jeder Lieblingsspeise der geschmacklich passende Gin servieren.*

GIN BASIL SMASH

1 HANDVOLL BASILIKUM *(inkl. Stiele)*
60 ml GIN
30 ml ZITRONENSAFT
20 ml ZUCKERSIRUP

GARNITUR
BASILIKUMZWEIG

GLAS
TUMBLER

Basilikum in den Shaker geben. Trocken kräftig stößeln, also muddlen. Alle Zutaten in den Shaker geben, den Shaker mit Eis füllen und kräftig schütteln. Frische Eiswürfel in den Tumbler geben und den Inhalt des Shakers darin doppelt abseihen. Mit Basilikumzweig ganieren.

BASILIKUM, BABY!

Ein Getränk mit Basilikum und Palmzucker soll schon bei Voodoo-Segnungen in Afrika zur Erfrischung und Belebung gereicht worden sein. Auch im Kuba der 1970er-Jahre trank man einen Gin-Basilikum-Cocktail. Doch den Gin Basil Smash, wie man ihn heute schätzt, prägte Jörg Meyer, Betreiber der Hamburger Bar »Le Lion«. 2008 gelang ihm damit, was nur selten passiert: die Kreation eines neuen Klassikers, der weltweit gerne bestellt wird.

TIPP: *Auch mit hausgemachtem Basilikumsirup oder mit Basilikumlimonade ein gutes Getränk.*

CLOVER CLUB

40 ml GIN ODER 30 ml GENEVER + 20 ml LIMETTENSAFT +
15 ml GRENADINE + 1 EIWEISS
GLAS COUPETTEGLAS

Alle Zutaten in den Shaker geben und zunächst trocken, also ohne Eis, schütteln. Danach Eis hinzugeben und nochmals kräftig schütteln. In das Coupetteglas doppelt abseihen.

CITY-COCKTAILS

Viele New-York-Besucher zieht es zu »Katz's Delicatessen«, weil es dort das legendäre Pastrami-Sandwich gibt. Wer einen flüssigen Klassiker sucht, dem sei der »Clover Club« in Brooklyn und die Bestellung des gleichnamigen Cocktails empfohlen. Zu Gast in Singapur? Auf ins »Raffles Hotel«, Geburtsort des Singapore Sling. Oder ist es daheim doch am schönsten? Bitte sehr – hier sind die Rezepte für die Hausbar.

SINGAPORE SLING

40 ml GIN + 20 ml CHERRY BRANDY + 1 BL GRENADINE + 1 PRISE GERIEBENE MUSKATNUSS + SODA WATER

GARNITUR GERIEBENE MUSKATNUSS | **GLAS** LONGDRINKGLAS

Shaker mit Eis füllen. Alle Zutaten bis auf das Soda Water hinzufügen und gut schütteln. Longdrinkglas mit Eis auffüllen. Inhalt des Shakers ins Glas abseihen. Mit Soda Water auffüllen und den Singapore Sling mit einem Hauch geriebener Muskatnuss garnieren.

Das Wacholderdestillat und die chininhaltige Bitterlimonade harmonieren nicht bloß. Treffen beide aufeinander, entsteht geschmacklich etwas völlig Neues – genau darin liegt der Reiz des berühmten Klassikers. Und dank der unzähligen neuen Gin-Sorten, die in den letzten 15 Jahren das Licht der Welt erblickt haben, gilt dieser Grundsatz mehr denn je. Der Umgang mit Wacholder wird immer kreativer. Nicht nur was die Spirituose selbst, sondern auch was die entscheidende dritte Zutat angeht: Die ist nämlich so variabel wie die Pflanzenwelt – von der Salatgurke aus dem eigenen Garten bis zum nächsten Zitrusbaum.

GIN & TONIC

40 ml GIN
TONIC WATER

GARNITUR
NACH GESCHMACK

GLAS
LONGDRINKGLAS

Glas mit Eiswürfeln füllen. Gin hineingeben und mit Tonic Water auffüllen. Garnieren.

HERRENGEDECK

30 ml GENEVER
20 ml BIERSIRUP *(siehe Seite 191)*
10 ml LIMETTENSAFT
SODA WATER
SALZ-LIMETTEN-ESPUMA *(siehe Seite 199)*

GARNITUR
LIMETTENZESTE
3 ÖLSARDINEN IM SHOTGLAS

GLAS
LONGDRINKGLAS

Shaker mit Eis füllen. Genever, Biersirup und Limettensaft hineingeben und kräftig schütteln. Frisches Kugeleis in das Longdrinkglas geben. Inhalt des Shakers darin doppelt abseihen. Mit Soda Water auffüllen und mit Espuma toppen. Mit Limettenzeste garnieren und Seite an Seite mit den Sardinen servieren.

GENEVER GENIESSEN

Gin ist in. Doch auch mit seinem großen und kräftigen Bruder, dem Genever aus den Niederlanden, lassen sich wunderbare Drinks mixen. Wer das intensive Wacholderaroma mag, wird diese Genever-Drinks lieben.

BEE'S KNEES

20 ml GENEVER
15 ml ZITRONENSAFT
10 ml RUNNY HONEY *(siehe Seite 197)*
BITTER LEMON

GARNITUR
HONIG

GLAS
CHAMPAGNERGLAS

Drei Eiswürfel in das Champagnerglas geben. Genever, Zitronensaft und Runny Honey hinzugeben und danach mit Bitter Lemon auffüllen. Mit zerlaufendem Honig garnieren.

LEMON SHERBERT

40 ml GENEVER
20 ml ZITRONENSAFT
20 ml SAHNE
10 ml SAURE ORANGEN-MARMELADE *(siehe Seite 196)*
1 SPRITZER KEWRA-WASSER
SODA WATER

GARNITUR
ROSENBLÜTEN
ORANGENZESTE

GLAS
LONGDRINKGLAS

Alle Zutaten bis auf das Soda Water in den Shaker geben und zunächst ohne Eis schütteln. Danach Eis hinzugeben und nochmals kräftig schütteln. Frische Eiswürfel in das Longdrinkglas geben und Inhalt des Shakers dorthinein abseihen. Mit Soda Water auffüllen und mit Rosenblüten und Orangenzeste garnieren.

ENGLISH BREAKFAST MOMENT

40 ml GIN
60 ml KALTER ENGLISH BREAKFAST TEA *(Schwarztee)*
30 ml LIMETTENSAFT
15 ml HONIG-LAVENDEL-SIRUP *(siehe Seite 194)*
COFFEE TONIC

GARNITUR
LAVENDELBLÜTE

GLAS
LONGDRINKGLAS

Shaker mit Eis füllen. Alle Zutaten bis auf das Coffee Tonic in den Shaker geben und kräftig schütteln. Das Longdrinkglas mit frischen Eiswürfeln füllen. Den Inhalt des Shakers darin doppelt abseihen, mit Coffee Tonic auffüllen und garnieren.

DREI IM TEE

Tee hat man ja immer zu Hause. Und mit ihm statt des klassischen Heiß- ein erfrischendes Kaltgetränk zu mixen, ist keine große Sache – dafür aber umso leckerer. Bereits einmal verwendete Tees, lose oder im Beutel, eignen sich prima für die Zweitverwendung »in the mix«.

THE CHAMOMILE LESSON

35 ml GIN
20 ml KAMILLENTEESIRUP
(siehe Seite 194)
30 ml ZITRONENSAFT
TONIC WATER

GARNITUR
KAMILLENBLÜTEN

GLAS
COUPETTEGLAS

Shaker mit Eis füllen. Gin, Sirup und Zitronensaft hineingeben und kräftig schütteln. In das Coupetteglas doppelt abseihen und garnieren.

40 ml GIN
70 ml KALTER HAGEBUTTENTEE
10 ml HOLUNDERBLÜTENSIRUP
5 FEINE APFELSTREIFEN
ELDERFLOWER TONIC

GARNITUR
NEST AUS APFELSTREIFEN
MINZZWEIG

GLAS
WEINGLAS

Eiswürfel in das Weinglas geben. Nacheinander Gin, Tee, Sirup und Apfelstreifen hinzufügen. Mit Elderflower Tonic auffüllen und garnieren.

THE BACK PORCH EXPERIENCE

WODKA

3 FAKTEN

1. Als Wodka bezeichnete man zunächst nur das medizinische Destillat – der Schnaps hieß Gorzalka. **2.** Der erste international vermarktete Wodka heißt Wyborowa Wódka, kommt aus Polen und wird seit 1823 hergestellt. **3.** Als Eastern Style bezeichnet man einen Wodka, der weniger oft gebrannt wird, also mehr Geschmack des Ausgangsrohstoffs aufweist. Für Cocktails kommen oft Western Styles zum Einsatz – häufiger gebrannt, milder im Geschmack.

DAS WÄSSERCHEN

Wer hat's erfunden? Eine Frage, über die in der Bar-Kultur generell gern und mit Leidenschaft diskutiert wird – so auch beim Wodka. Fest steht, dass der Wodka seinen Ursprung in den osteuropäischen Gefilden hat, genauer: in Polen oder in Russland. Fest steht auch die Bedeutung des Namens.

Der Begriff Wodka kommt aus dem Slawischen und ist eine Verniedlichung des Wortes »woda«, was auf Deutsch Wasser bedeutet. Glaubt man der ersten schriftlichen Erwähnung des Wässerchens, wurde der erste Wodka in Sandomierz im ehemaligen Königreich Polen gebrannt, vornehmlich aus Roggen, denn davon gab es genug. Im Wodka war damals mal mehr, mal weniger, aber in etwa halb so viel Alkohol enthalten wie in der heutigen Spirituose. Wer damals von Wodka sprach, meinte allerdings das medizinisch eingesetzte Destillat. Der gern getrunkene Schnaps hieß stattdessen Gorzalka. Aus Polen kommt der erste international vertriebene Wodka der Welt: 1823 begann man in Posen mit der Herstellung des Wyborowa Wódka, 1873 startete der Export ins europäische Ausland. 1927 wurde Wyborowa die erste internationale Wodka-Marke – es gibt sie bis heute.

In Russland erzählt man die Geschichte der Agrarspirituose anders. Im Jahre 1386 soll ein genuesischer Botschafter den ersten Aquavit mit nach Moskau gebracht und dem Großfürsten Dmitry Donskoy präsentiert haben. Das Getränk wurde für großartig befunden, eine eigene Rezeptur musste her. Der Legende nach hat ein Mönch namens Isidore, Kenner des Destillationsprozesses, um 1430 schließlich die erste russische Rezeptur jener Spirituose entwickelt. Das vornehmlich aristokratische Getränk hieß damals noch Brotwein, und zumindest diese Bezeichnung für den Vorläufer des Wodkas gilt heute als historisch unbestritten.

Um noch kurz bei der Tradition zu bleiben: Auch Deutschland blickt auf eine lange Geschichte der Destillation von Agrarspirituosen zurück, denn nichts anderes ist Wodka letztlich. Allerdings kennt man die klare Flüssigkeit hier unter einem anderen Namen: Korn. Der heutige Mindestalkoholgehalt liegt mit 32 Prozent gegenüber den rund 40 Prozent beim Wodka zwar niedriger, und Kartoffeln kommen als Grundstoff auch nicht infrage. Doch was den Herstellungsprozess und den Geschmack angeht, sind sich beide Spirituosen verblüffend ähnlich. Zu Unrecht hat der Korn den schlechteren Ruf. Für so manchen Cocktail auf Wodka-Basis taugt daher auch ein guter Korn.

OST UND WEST

Heute zählt Wodka auch jenseits des »Wodka-Gürtels«, zu dem man klassischerweise die skandinavischen und baltischen Länder, Polen, Russland, Weißrussland und die Ukraine zählt, zu den beliebtesten und meistverkauften Hochprozentigen. In Sachen Trinkkultur wirken die Ursprünge aber immer noch nach, zumindest wenn es um den puren Genuss geht. Es hat sich eine Unterscheidung zwischen Eastern Style und Western Style etabliert. Ersterer wird weniger oft gebrannt, manchmal wird sogar auf jegliche Filtrierung verzichtet. Dadurch bleibt das Aroma des Grundstoffs erhalten. Man kann also schmecken, ob hier eine Maische aus Roggen, Weizen oder Kartoffeln destilliert wurde. In den Ursprungsländern wird dieser Wodka bis heute oft und deutlich mehr getrunken als in den Cocktailbars im Rest der Welt, wo sich der geschmacksneutralere Western Style durchgesetzt hat. Der Grund dafür ist offensichtlich: je öfter gebrannt und gefiltert, desto neutraler der Geschmack und desto vielfältiger die Einsatzmöglichkeiten von Wodka in Mixgetränken und Cocktails.

Wichtig zu wissen: Ein generelles Qualitätsmerkmal ist das nicht. Große Marken werben gern mit der Anzahl von Destillations- und Filtervorgängen, denn das suggeriert einen hohen Reinheitsgrad und das Fehlen jeglicher Fuselöle. Wer jedoch zum ungefilterten und womöglich sortenreinen Eastern Style greift, wird schon anhand des Preisschilds merken, dass eine zweistellige Anzahl von Filtervorgängen kein Merkmal der Qualität ist, sondern vielmehr eines des fehlenden Eigengeschmacks.

BLOODY MARY

40 ml WODKA
15 ml ZITRONENSAFT
2 TROPFEN TABASCO
2 TROPFEN WORCESTERSAUCE
1 PRISE SELLERIESALZ
85 ml TOMATENSAFT

GARNITUR
SCHWARZER PFEFFER
(aus der Mühle)
SELLERIESTANGE

GLAS
LONGDRINKGLAS

Rührglas mit Eis füllen. Alle Zutaten ins Rührglas geben und verrühren, bis eine homogene Bindung entsteht. Longdrinkglas mit einem Rand aus frisch gemahlenem Pfeffer versehen. Mit frischen Eiswürfeln füllen.
Die Bloody Mary in das Longdrinkglas abseihen und mit Selleriestange garnieren.

HERZHAFT UND BELEBEND

Die Bloody Mary ist der Klassiker unter den »Katergetränken« und wird auch hierzulande immer häufiger zu Frühstück und Brunch serviert. So manche Bloody-Mary-Kreation in Bars kommt mit opulenter Garnitur daher. Wer Lust hat, dem nachzueifern, liegt bei der asiatisch angehauchten Chinese Mary goldrichtig. Und wem das zu aufwendig ist, der trifft mit dem eisgekühlten Bullshot mitsamt krossem Topping garantiert ins Schwarze.

CHINESE MARY

35 ml WODKA
5 ml BALSAMICO-ESSIG
3 TROPFEN SOJASAUCE
1 PRISE SZECHUANPFEFFER
60 ml TOMATENSAFT
30 ml APFELSAFT
GINGER BEER

GARNITUR

GLASNUDELNEST
INGWERSTÜCK MIT SCHALE

GLAS

LONGDRINKGLAS

Rührglas mit Eiswürfeln füllen. Alle Zutaten bis auf das Ginger Beer in das Rührglas geben und verrühren, bis eine homogene Bindung entsteht. In das Longdrinkglas mit frischen Eiswürfeln abseihen, mit Ginger Beer auffüllen und garnieren.

BULLSHOT

20 ml WODKA
30 ml RINDERBRÜHE *(wahlweise Gemüsebrühe)*
1 SPRITZER ZITRONENSAFT
2 SPRITZER WORCESTERSAUCE
1 PRISE SELLERIESALZ
10 ml GINGER BEER

GARNITUR

5 KURZE SCHEIBEN KROSS GEBRATENER BACON

GLAS

SHOTGLAS

Rührglas mit Eiswürfeln füllen. Alle Zutaten bis auf das Ginger Beer in das Rührglas geben und verrühren. Wenn alle Flüssigkeiten homogen gebunden sind, in das Shotglas abseihen, mit Ginger Beer auffüllen und garnieren.

GRÜN IST DAS NEUE ROT

As seen on TV: Der Cosmopolitan ist durch die US-Serie »Sex and the City« weltbekannt geworden. Erstmals allerdings wurde dieser herbe, fruchtige und säuerliche, sprich höchst facettenreiche Cocktail im Jahr 1934 erwähnt. Damals jedoch in einer Rezeptur mit Gin – auch heute noch gut! Der Cosmopolitan steht sinnbildlich für die moderne Bar. Von Rot zu Grün wechselt die Farbe des »Melon State Highball«, der auf der »Fashion Week Berlin« 2016 lief. Nicht auf dem Runway zwar, aber als Star des Begleitprogramms über den Bartresen.

COSMOPOLITAN

40 ml WODKA *(wahlweise Lemon Wodka)* + 60 ml CRANBERRYNEKTAR + 30 ml LIMETTENSAFT + 10 ml COINTREAU

GARNITUR LIMETTENZESTE | **GLAS** COUPETTEGLAS

Shaker mit Eis füllen. Alle Zutaten hineingeben und kräftig schütteln. Den Cosmopolitan in das Coupetteglas doppelt abseihen. Mit Limettenzeste garnieren.

MELON STATE HIGHBALL

30 ml WODKA + 30 ml GRÜNER MELONENLIKÖR *(z. B. Midori)* + 5 ml LIMETTENSAFT + SODA WATER | **GARNITUR** GEFRORENE CANTALOUPE-MELONENKUGELN + THYMIANZWEIG | **GLAS** LONGDRINKGLAS

Wodka, Melonenlikör und Limettensaft in das Longdrinkglas mit Kugeleis geben. Mit Soda Water auffüllen und mit Melonenkugeln und Thymianzweig garnieren.

WHITE RUSSIAN

40 ml WODKA
20 ml KAFFEELIKÖR
SAHNE, MILCH ODER VANILLE-ESPUMA *(siehe Seite 199)*

GARNITUR
GERÖSTETE KAFFEEBOHNEN
KAKAOPULVER
VANILLEMARK

GLAS
TUMBLER

Eis in das Rührglas geben. Wodka und Kaffeelikör hinzufügen und verrühren. In den Tumbler abseihen und mit Sahne, Milch oder Vanille-Espuma toppen. Mit Kaffee, Kakaopulver und Vanillemark garnieren.

DER DUDE UNTER DEN DRINKS

Fällt der Name White Russian, taucht vor so manchem geistigen Auge ein pummeliger, langhaariger Schluffi mit milchigem Schnauzbart auf: Jeff Bridges trinkt sich in »The Big Lebowski« aus dem Jahr 1998 mit diesem Drink durch den Kultfilm. Entwickelt wurde der weiße Russe übrigens im Marketingbüro eines großen Spirituosenunternehmens – so viel zur Historie. Was den White Russian so spannend macht: Mit nur drei Zutaten lässt es sich auch für Einsteiger hervorragend herumprobieren. Den Wodka infusionieren? Einen eigenen Kaffeelikör machen? Sahne und/oder Milch verwenden? Oder einen Vanille-Espuma? Let's twist!

WODKA SODA

40 ml WODKA + SODA WATER
GARNITUR NACH GESCHMACK | **GLAS** LONGDRINKGLAS

Glas mit Eiswürfeln auffüllen. Wodka hineingeben und mit Soda Water auffüllen. Nach Gusto garnieren.

LAUFSTEG-DRINK

Der Wodka Soda, bisweilen auch »Skinny Bitch« genannt, weil in der Model- und Modewelt sehr beliebt, ist an und für sich kein großes Geschmackserlebnis. Fast so kalorienarm wie Magerquark, geht es bei ihm vor allem um die Wirkung. Aber: Mit dem richtigen Topping lässt sich dieser Drink in jede Geschmacksrichtung drehen. Die Wandlungsfähigkeit ist seine Stärke.

DA GEHT NOCH WAS!

Vieles, was im Kühlschrank und in der Küche übrig bleibt, eignet sich bestens, um daraus leckere Drinks zu machen. Die letzten vom Bund verbliebenen Möhren sind vielleicht nicht mehr knackig – doch einen frischen Karottensaft geben sie allemal her. Gurkenabschnitte, Reste der Avocado vom Vortag und der nur einmal verwendete Teebeutel – sie alle sind für die Tonne viel zu gut. Sogar der Abschnitt der Paprika: Einfach in die klare Spirituose geben, ein paar Tage ziehen lassen, und schon entfaltet sich ein besonderer Geschmack. Nachhaltig lecker.

1. AVOCADO MULE *(für zwei)* 1 AVOCADO + 80 ml WODKA + 30 ml ORANGENLIKÖR + 40 ml LIMETTENSAFT + 1 PRISE SALZ + 6 KORIANDERBLÄTTER + 3–4 BL BLÜTENHONIG | **GARNITUR** SALZ + KORIANDERBLÄTTER | **GLAS** COUPETTEGLAS | Avocado entkernen, das Innere mit den anderen Zutaten in einen Blender geben und so lange mixen, bis eine feine Konsistenz entsteht. Coupetteglas mit Salzrand versehen und mit Crushed Ice auffüllen. Avocado Mule ins Glas geben und garnieren. **2. ERBSEN UND GURKEN** 2 EL ERBSEN *(gegart und gekühlt)* + 5 cm SALATGURKE MIT SCHALE + 3 LIMETTENACHTEL + WODKA + TONIC WATER | **GARNITUR** ERBSEN IN SCHALE + GURKENSTANGE | **GLAS** TUMBLER | Erbsen, Salatgurke und Limettenachtel in

den Shaker geben und kräftig muddlen, also zerstoßen. Wodka hinzufügen. Eiswürfel in den Shaker geben und kräftig schütteln. In den Tumbler doppelt abseihen, einen großen Eiswürfel hinzugeben und mit Tonic Water auffüllen. Mit Erbsen und Gurkenstange garnieren. **3. HASEN UND BIENEN** 30 ml WODKA + 30 ml PFIRSICHLIKÖR + 50 ml KAROTTENSAFT + 10 ml RUNNY HONEY *(siehe Seite 197)* + GINGER BEER | **GARNITUR** KAROTTENGRÜN | **GLAS** CHAMPAGNERGLAS | Alle Zutaten bis auf das Ginger Beer in den Shaker mit Eis geben. Kräftig schütteln und in das Champagnerglas doppelt abseihen. Mit Ginger Beer auffüllen, und die Garnitur so arrangieren, dass die Form des Drinks an eine Karotte erinnert.

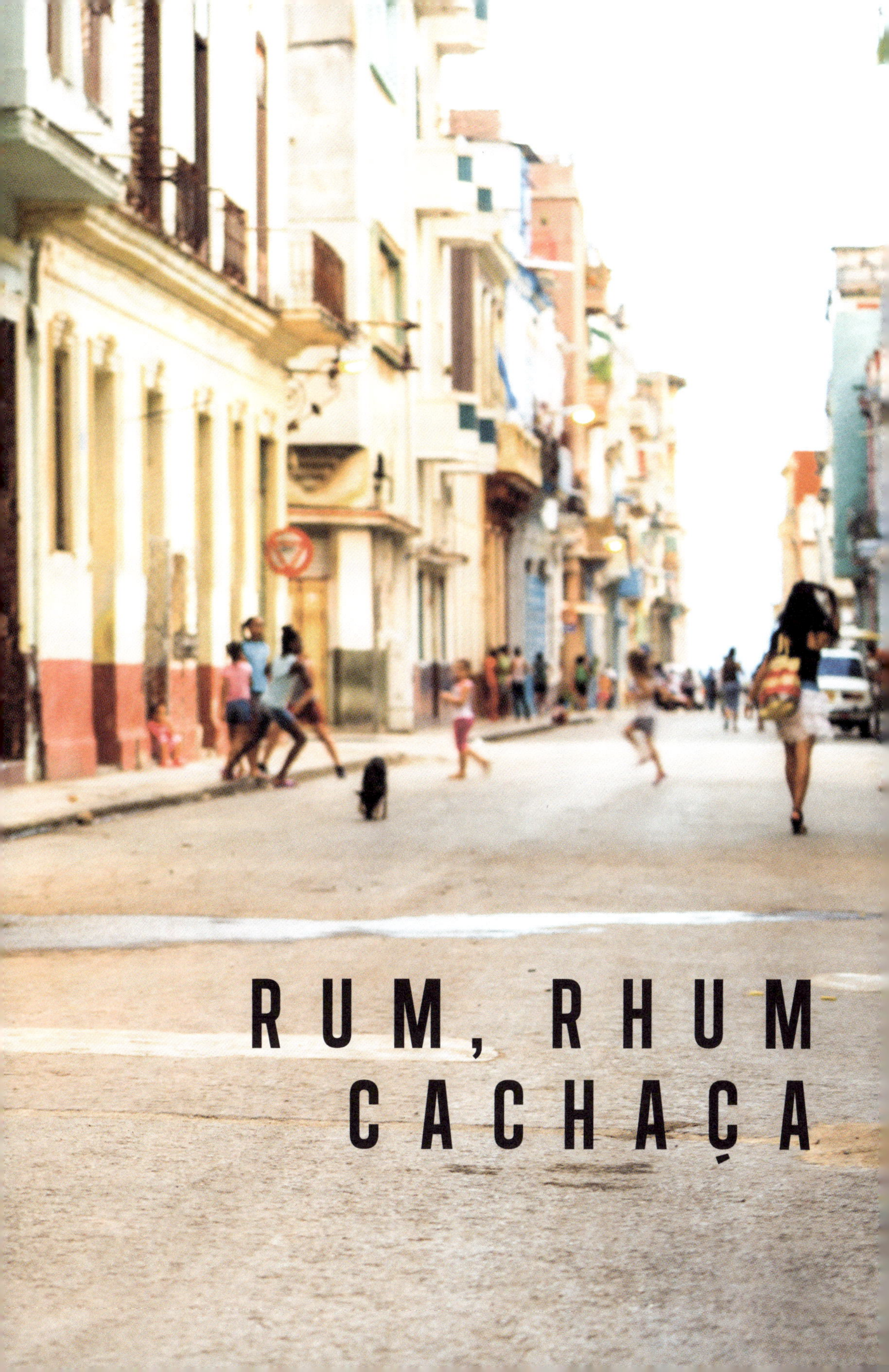

RUM, RHUM CACHAÇA

KLASSE MELASSE

Aktueller geht es nicht: Die Geschichte des Rums ist auch die des Recylings.

Es gab eine Zeit, in der Zucker einer der wertvollsten und profitabelsten Rohstoffe überhaupt war. Das ist gar nicht lange her: Im 17. Jahrhundert verdienten sich Großgrundbesitzer auf Barbados buchstäblich eine goldene Nase mit dem süßen Granulat. Die Zuckerrohrsetzlinge, die aus Spanien ihren Weg in die Karibik gefunden hatten, gediehen prächtig im dortigen Klima – der Anbau wurde schnell auf andere Länder Lateinamerikas und nach Brasilien ausgeweitet. Und auch mit dem Abfallprodukt der Produktion, der Melasse, wurde experimentiert: Warum denn keinen Schnaps daraus brennen? Gesagt, getan. Der Rest ist eine Geschichte, die vielfältiger nicht sein könnte.

Denn Rum unterliegt im Gegensatz zu anderen Spirituosen vergleichsweise wenigen Bestimmungen bei der Herstellung. Anders als beim Scotch Whisky, der nur in Schottland hergestellt werden darf, oder beim Champagner oder Cognac, bei denen die regionale Herkunft klar geregelt ist, braucht es für Rum nur die Rohstoffe – wo diese dann verarbeitet werden, ist egal. So gibt es nicht nur in den klassischen Rumregionen – Lateinamerika, Karibik und Brasilien – eine große Vielfalt, sondern längst auch weltweit. Das hat vor allem damit zu tun, dass der Rum sehr schnell zum Exportschlager wurde. Die Kolonialmächte nahmen ihn mit nach Hause – und in Europa verbreitete er sich schnell. Die britische Marine verfügte 1779 sogar, dass es auf den Schiffen fortan keinen Brandy, sondern nur noch Rum geben sollte. Die Rumration für die Marine-Matrosen hatte übrigens fast 200 Jahre Bestand: Erst am 31. Juli 1970, dem »Black Tot Day«, wurde sie das letzte Mal ausgeschenkt.

Rum kann nicht nur aus der schon erwähnten Melasse hergestellt werden, sondern auch aus Zuckerrohrsaft. Was ist besser, was schlechter? Diese Frage stellt sich nicht. Die Melassevarianten profitieren von einer natürlichen Süße, den Sorten mit Zuckerrohrsaft wird ein intensiverer Geschmack nachgesagt. Was beispielsweise mit dem Cachaça ausprobiert werden kann. Hierzulande hat diese brasilianische Spirituose vor allem als Basis des Caipirinha Karriere gemacht, kommt aber auch in Batidas zum Einsatz. Mixen muss man den Cachaça aber gar nicht. In Brasilien gibt es seit jeher eine ausgesprochen lebendige Szene aus Sorten und Stilen: 98 Prozent der gesamten Cachaça-Produktion werden dabei im Land selbst getrunken. Andere Varianten, die mit Zuckerrohrsaft hergestellt werden, lassen sich oft schon am Etikett identifizieren beziehungsweise der französischen Schreibweise: Rhum. Auch in den ehemaligen Kolonien Frankreichs setzt man traditionell auf den frischen Saft des Zuckerrohrs.

3 FAKTEN

1.

RUM WIRD ENTWEDER AUS MELASSE HERGESTELLT ODER AUS ZUCKERROHRSAFT.

2.

RHUM IST KEIN SCHREIBFEHLER, SONDERN KENNZEICHNET DIE HERKUNFT AUS FRANZÖSISCHEN ÜBERSEEDEPARTEMENTS.

3.

NOCH BIS 1970 BEKAM JEDER BRITISCHE MARINESOLDAT EINE TÄGLICHE RATION RUM (EIN ACHTEL EINES IMPERIAL PINT, CA. 71 ML).

VIEL RUMPROBIERT

Bei so viel Diversität und regionaler Ausprägung kann das vielfältige Angebot an Marken und Sorten fast überwältigend wirken: original, rude, overproof, blended, agricole, Stroh-Rum – und natürlich die lebendige Szene rund um den Spiced Rum, in dem zusätzliche Gewürze für neue Geschmackswelten sorgen und der besonders gut zu bestimmten Limonaden und allem Fruchtigen passt. Auch der Alkoholgehalt von Rum kann stark variieren – zwischen 37 und 80 Prozent. All dies unterstreicht das Potenzial der Spirituose, bei der generell nur zwischen zwei Varianten unterschieden wird: weiß und braun. Die Lagerung – im Fass oder im Tank – und der Verdünnungsgrad regeln den Rest. Auch zugesetzter Zucker sorgt für weitere geschmackliche Nuancen. Die bewegte Geschichte des Rums, seine globale Verbreitung und lokale Adaption schlägt sich in Cocktails nieder, die unterschiedlicher nicht sein könnten und sich doch tief in die kulturellen Traditionen eingeschrieben haben. Der Rum-Kosmos reicht vom Grog bis zum Daiquiri, also vom einfachen Vermischen der Spirituose mit heißem Wasser und Zucker bis zum mondänen Shortdrink, mit dem der Barkeeper Constantino Ribalaigua Vert in der Bar »El Floridita« in Havanna Ernest Hemingway anfixte und so zum Stammgast machte.

Rum folgt keinen Regeln. Rum muss nicht süß sein. Rum ist ein frühes und positives Beispiel der Globalisierung und zeigt eindrücklich, wie aus einer Idee ein Erfolgsrezept werden konnte, an dem heute immer noch aktiv gearbeitet wird. »Yo-ho-ho, and a bottle of rum«? Unbedingt!

HIPSTER COLADA

60 ml RUM *(gelagert)*
20 ml ANANASSIRUP *(siehe Seite 191)*
10 ml KOKOSNUSSCREMESIRUP *(siehe Seite 196)*
60 ml KOKOSWASSER
GINGER BEER

GARNITUR
GETROCKNETE ANANAS
GETROCKNETE KOKOSCHIPS
FRISCHER INGWER
TRINKHALM

GLAS
BLECHDOSE ODER
LONGDRINKGLAS

Alle Zutaten bis auf das Ginger Beer in einen Shaker mit Eis geben und einige Male ins Rührglas werfen. Crushed Ice in die Blechdose oder das Longdrinkglas geben. Inhalt des Shakers darin abseihen. Mit Ginger Beer auffüllen und garnieren.

PIÑA COLADA

40 ml RUM *(weiß)*
40 ml KOKOSMARK
60 ml ANANASSAFT

GARNITUR
ANANASKEIL

GLAS
LONGDRINKGLAS

Shaker mit Eis füllen. Alle Zutaten hinzufügen und kräftig schütteln. Crushed Ice in das Longdrinkglas geben. Den Inhalt des Shakers darin abseihen und mit Ananas garnieren.

ABER BITTE OHNE SAHNE!

Eine Lanze für die Piña Colada! Denn es kommt darauf an, wie man sie macht. Zum Beispiel so, wie sie erstmals 1954 im Hotel »Hamilton Beach« auf Puerto Rico über den Tresen ging. Der Twist kommt mit hippem Kokoswasser und prickelndem Ginger Beer daher. Happy Hour den ganzen Tag.

RUM-RUNDE

Mojito, Daiquiri und Old Cuban zählen zu den bekanntesten und beliebtesten Drinks mit Rum. Drei Infos dazu für den Hausbartender: Der Mojito wird auf Kuba nicht mit braunem, sondern mit weißem Zucker gemixt. Den Daiquiri hat die Bar »El Floridita« in Havanna berühmt gemacht und umgekehrt – Ernest Hemingway trank ihn hier oft und gerne, ein Daiquiri-Twist mit Maraschinolikör wurde gar nach ihm benannt. Der Old Cuban ist, anders als der Name es vermuten lässt, eine Kreation des 21. Jahrhunderts: Audrey Sanders, Chefin des famosen »Pegu Club« in New York, schuf diesen Drink mit Schampus.

1. MOJITO

4 LIMETTENACHTEL + 2 BL ZUCKER + 15 MINZBLÄTTER + 50 ml RUM *(weiß)* + SODA WATER | **GARNITUR** MINZZWEIG | **GLAS** TUMBLER ODER LONGDRINKGLAS | Limetten, Minze und Zucker im Glas muddlen, also andrücken. Rum hinzugeben. Mit Crushed Ice auffüllen und verrühren. Mit Soda Water aufgießen und garnieren.

2. OLD CUBAN

45 ml RUM *(gelagert)* + 30 ml ZUCKERSIRUP + 20 ml LIMETTENSAFT + 2 SPRITZER ANGOSTURA BITTER + 8–10 MINZBLÄTTER + CHAMPAGNER | **GARNITUR** MINZZWEIG | **GLAS** CHAMPAGNERGLAS | Alle Zutaten bis auf den Champagner in den Shaker geben und vorsichtig muddlen, also andrücken, Eis hinzugeben und kräftig schütteln. In ein Champagnerglas doppelt abseihen, mit Champgner auffüllen und garnieren.

3. DAIQUIRI CLASSIC

60 ml RUM *(weiß)* ODER RHUM AGRICOLE + 30 ml LIMETTENSAFT + 20 ml ZUCKERSIRUP | **GARNITUR** LIMETTENZESTE + ZUCKER | **GLAS** COUPETTEGLAS | Shaker mit Eis füllen. Alle Zutaten hinzufügen und kräftig schütteln. Coupetteglas mit Zuckerrand versehen. Inhalt des Shakers darin doppelt abseihen und garnieren.

3

BATIDA DE PASSION

60 ml CACHAÇA
40 ml GESÜSSTE KONDENSMILCH
2 PASSIONSFRÜCHTE
20 ml MARACUJANEKTAR
10 ml ZUCKERROHRSAFT
SODA WATER

GARNITUR
PASSIONSFRUCHT
MINZSPITZE

GLAS
GROSSER AMERIKANISCHER PAPPBECHER
ODER LONGDRINKGLAS

CAIPI MIT CLOU

Gesüßte Kondensmilch benutzen nicht nur die Vietnamesen für ihren Kaffee, sondern auch die Brasilianer für so manchen Drink. Zum Beispiel für diese Variante eines Caipirinha mit besonders seidiger Textur und »fancy« Geschmack.

Shaker mit Eis füllen. Cachaça, Kondensmilch, Fruchtfleisch der Passionsfrucht, Nektar und Zuckerrohrsaft hinzugeben und kräftig schütteln. Crushed Ice in den Pappbecher oder das Longdrinkglas geben. Inhalt des Shakers darin abseihen und garnieren.

40 ml RUM *(weiß)*
10 ml BITTERLIKÖR
20 ml ZITRONENSAFT
15 ml MAISSIRUP *(siehe Seite 196)*
1 HANDVOLL SÜSSES UND SALZIGES POPCORN
BITTER LEMON

GARNITUR
POPCORN

GLAS
WEINGLAS

Shaker mit Eis füllen. Alle Zutaten bis auf das Bitter Lemon hinzufügen und kräftig schütteln. Eiswürfel in das Weinglas geben. Den Inhalt des Shakers dorthinein doppelt abseihen. Mit Bitter Lemon auffüllen und garnieren.

WIE IM KINO

Altes Popcorn, das beim letzten Fernsehabend übrig geblieben ist, knabbert sich bekanntlich nicht mehr so gut. Aber: Popcorn im Shaker ist ein echter Knaller! Diesem erfrischend bitteren Drink fügt es, zusammen mit dem Maissirup, eine schöne Süße hinzu.

POPCORN CORNER AKA POCOCO

Ingwer-Zitronengras-Rum-Infusion: *siehe Seite 194*

MANGOMANIA

Zwei sommerliche Drinks mit exotischer Mango, karibischem Rum und Heimischem: einmal cremige, leicht säuerliche Buttermilch und einmal naturtrüber Apfelsaft. Der Wild Kitchen stammt aus der ehemaligen Bar »Billy Wilder's« am Potsdamer Platz und lebt heute auf so mancher Karte der Hauptstadt weiter.

WILD KITCHEN

40 ml INGWER-ZITRONENGRAS-RUM-INFUSION
(siehe Seite 194)
25 ml ZITRONENSIRUP
10 ml MANDELSIRUP
45 ml NATURTRÜBER APFELSAFT
MANGOLIMONADE *(z. B. Mystic Mango)*
2 BL CRÈME DE MÛRE *(Brombeerlikör)*

GARNITUR
ZITRONENGRAS
MINZSPITZE
AMARENAKIRSCHE

GLAS
GROSSES MARMELADENGLAS
ODER LONGDRINKGLAS

Alle Zutaten bis auf die Mangolimonade und den Brombeerlikör in den Shaker geben und kräftig schütteln. Crushed Ice in das Longdrinkglas geben. Den Inhalt des Shakers darin abseihen und mit Mangolimonade auffüllen. Crème de Mûre vorsichtig floaten. Garnieren.

MANGO MADNESS

50 ml RUM *(z. B. Havana Club 3 Años)*
15 ml FRISCHER LIMETTENSAFT
10 ml VANILLESIRUP
20 ml BUTTERMILCH
MANGOLIMONADE *(z. B. Mystic Mango)*

GARNITUR
MANGOSCHEIBE ODER LIMETTENSTÜCK

GLAS
LONGDRINKGLAS

Shaker mit Eis füllen. Alle Zutaten bis auf die Mangolimonade hinzufügen und kräftig schütteln. Eiswürfel in das Longdrinkglas geben. Den Inhalt des Shakers darin doppelt abseihen. Mit Mangolimonade auffüllen und garnieren.

SCHMECKT ÜBERRASCHEND

Ein buntes Potpourri aus asiatischem Koriander, südamerikanischem Mate und Roter Bete aus heimischen Gefilden. Hier findet zusammen, was scheinbar nicht zusammengehört.

MOTHER NATURE

50 ml RUM
(z. B. Bacardi 8)
40 ml ROTE-BETE-SAFT
10 ml ZUCKERSIRUP
3 BLATT KORIANDER
MATELIMONADE
(z. B. MATE MATE)

GARNITUR
KORIANDERZWEIG
GETROCKNETE ROTE-BETE-CHIPS

GLAS
LONGDRINKGLAS

Shaker mit Eis füllen. Alle Zutaten bis auf die Matelimonade hinzufügen und schütteln. Longdrinkglas mit Eiswürfeln füllen. Inhalt des Shakers dorthinein doppelt abseihen, mit Matelimonade auffüllen und garnieren.

WHISK(E)Y

ZEIT IM FASS

Ob der Whisky seinen Ursprung in Irland oder Schottland hatte, darüber ist man sich seit Langem uneinig. Gleich zwei Destillerien rühmen sich heute damit, die ältesten lizenzierten Brennereien der Welt zu sein: Old Bushmills und Lock's Distillery – beide in Irland.

Freilich wurde auch vorher schon Whisky gebrannt, was die Schotten mit einer Urkunde aus dem Jahr 1494 schriftlich belegen können. Darin wird der Verkauf von Gerste zur Whisky-Produktion festgehalten. Was trotz dieser historischen Unklarheiten als Tatsache gelten darf: An beiden Orten wird die Whisky-Kultur seit Jahrhunderten gepflegt und perfektioniert, wobei es vor allem der **Blended Scotch Whisky** war, der das Destillat weltweit berühmt gemacht hat. Findige Brenner kamen Mitte des 19. Jahrhunderts auf die Idee, unterschiedliche Whiskys miteinander zu verschneiden, um die bis dahin üblichen, unangenehmen Geschmacksspitzen der Single Malts loszuwerden. Der Single Malt wurde auch danach noch produziert, doch war er bis vor wenigen Jahrzehnten ein Nischenprodukt und ausschließlich für den lokalen schottischen Markt bestimmt. Doch egal ob Blended oder Single Malt, damit sich der Whisky des schottischen Ursprungs rühmen darf, muss er auch von dort kommen und mindestens drei Jahre in Eichenfässern gelagert worden sein, die jeweils maximal 700 Liter fassen dürfen.

Dass der Single Malt bei vielen heutzutage als das höherwertige Produkt gilt, ist wohl das größte Missverständnis der Whisky-Welt und vor allem Film, Fernsehen und gutem Marketing zu verdanken. Zumal ein guter Blended Whisky große Handwerkskunst ist. Für die richtige Zusammenstellung des Blends ist der Master Blender verantwortlich. Er hat die Aufgabe, in einem sich immer wieder variierenden Grundstock von Whiskys eine Kombination zu finden, die dem etablierten Geschmacksprofil einer Marke vollends entspricht. Dabei werden nicht nur Malt Whiskys aus gemälzter Gerste verwendet, es kommen auch **Grain Whiskys** hinzu, die aus anderen Getreidesorten wie Weizen, Roggen oder Hafer gebrannt werden. Weil Grain Whisky nicht wie der Malt in der Brennblase, sondern im Column-Still-Verfahren destilliert wird, ist er günstiger. Günstige Blended Scotch Whiskys enthalten in der Regel also mehr Grain Whisky. Ebenfalls wichtig zu wissen: Genau genommen ist der **Single Malt** ebenfalls ein Blend, aber nur aus unterschiedlichen Fässern einer einzigen Destillerie. Diese Fässer können sogar unterschiedlich alt sein, die Altersangabe auf der Flasche bezieht sich immer nur auf den jüngsten, also den am kürzesten gelagerten Whisky, der enthalten ist. Kommt der Whisky hingegen aus nur einem Fass, trägt das Etikett zusätzlich die Bezeichnung **Single Cask** oder **Single Barrel**.

Bevor die Reise über den großen Teich angetreten wird, noch einmal kurz zum **Irish Whiskey**: Auch dort wird die Spirituose mit einem e vor dem y geschrieben, die Unterscheidung zwischen europäischem und amerikanischem Whisky anhand der Schreibweise ist also nicht hilfreich, zumal auch die Kanadier die schottische Schreibweise pflegen. Vom Scotch unterscheidet sich das Gros der Irish Whiskeys in Sachen Herstellung: Das Malz wird meist nicht über Torffeuer getrocknet, was ihn etwas weniger rauchig, dafür aber milder macht.

AMERICAN WHISKEY – WEIL DEM MITTLEREN WESTEN DIE GERSTE FEHLT

Als die ersten Siedler den nordamerikanischen Kontinent besiedelten, merkten sie schnell: Der geliebte Whiskey muss her, denn immer nur Rum, das taugt auf Dauer nicht.

4 ENTSCHEIDENDE FAKTOREN, die den Geschmack von Whisky prägen:

1. DAS GETREIDE BZW. DIE ZUGRUNDE LIEGENDE GETREIDEMISCHUNG
2. DAS FÜR DIE HERSTELLUNG GENUTZTE WASSER
3. DER TORF BZW. DIE KOHLE, MIT DER GERÖSTET WIRD
4. DAS FASS, IN DEM DER WHISKY ANSCHLIESSEND LAGERT

Es gab allerdings ein Problem: Die heimische Gerste wollte auf den Feldern des Mittleren Westens nicht gut gedeihen, der Torf zum Mälzen fehlte ebenfalls. Sauberes Wasser, Wälder und Fläche gab es hingegen genug, und die Erträge von Roggen, Weizen und Mais übertrafen die von Gerste um ein Vielfaches. Also nutzte man zur Destillation, was die Natur des amerikanischen Kontinents bereithielt, und mischte Mais mit Weizen und Roggen. Um der Spirituose auch ohne Torffeuer die gewohnte rauchige Note zu geben, kohlte man die Fässer vor der Lagerung von innen aus – der **American Whiskey** war geboren.

Der bekannteste American Whiskey ist der **Bourbon**. Um mit zwei gängigen Missverständnissen aufzuräumen: Der muss weder aus Kentucky kommen, noch wird er ausschließlich aus Mais destilliert. Er muss zu 51 Prozent aus Maisdestillat bestehen, was ihm ein süßes Aroma gibt, und für mindestens zwei Jahre in ausgebrannten, neuen Fässern aus amerikanischer Weißeiche lagern. Für den runden Geschmack lagert er in der Regel länger. Nach mindestens vier Jahren im Fass muss die Dauer auch nicht mehr auf dem Etikett angegeben werden. Eine Altersangabe tragen also insbesondere die kurz gelagerten Whiskeys. Liegt der Anteil von Mais in der Maische bei mindestens 80 Prozent, spricht man vom **Corn Whiskey**. Eine Sonderstellung unter den Bourbon Whiskeys hat der **Tennessee Whiskey.** Er unterliegt den gleichen Bestimmungen, muss zudem aber aus Tennessee kommen und eine Filtration durch Holzkohle durchlaufen – Lincoln County Process nennt sich das Verfahren.

Doch Bourbon ist nicht alles. Vor der Prohibition war der **Rye Whiskey** in den USA der beliebteste Whiskey, und auch in der modernen Bar-Kultur erfreut er sich immer größerer Beliebtheit. Hier liegt der Roggenanteil bei mindestens 51 Prozent, was ihm ein weniger süßes, aber umso kräftigeres Aroma verleiht.

Neben diesen Unterscheidungen der wichtigsten Sorten gibt es weitere Angaben, die das Etikett eines American Whiskeys zieren können. Ein Whiskey, der aus einer einzigen Brennerei stammt, wird als **Straight** bezeichnet, und **Single Barrel** ist die amerikanische Entsprechung zum schottischen **Single Cask**.

WHISKY AUS ALLER WELT

In der jüngeren Whisky-Geschichte haben sich auch Destillate aus Kanada, Japan und Indien einen guten Namen gemacht. In Kanada und Japan orientiert man sich dabei deutlich an den Verfahren und Zutaten des Scotch Whiskys. Und indischer Whisky ist – aufgepasst – der mittlerweile meistgetrunkene Whisky der Welt. Die hohe Einwohnerzahl gepaart mit hohen Einfuhrzöllen auf Importe sorgt dafür, dass die indische Whisky-Produktion blüht. Und selbst hierzulande wagt man sich mittlerweile an die Destillation von Whisky. Dabei orientiert man sich zwar an der Tradition, ist gleichzeitig aber nicht von ihr gefangen. Deutscher Whisky erreicht mittlerweile eine geschmackliche Qualität, die den traditionellen Herkunftsländern in nichts nachsteht – und daher oft auch im Premiumsegment angesiedelt ist.

OLD FASHIONED

60 ml BOURBON
2 BL ZUCKERSIRUP
2 SPRITZER ANGOSTURA BITTER
ORANGENZESTE
SODA WATER

GARNITUR
BITTERSCHOKOLADE
ORANGENZESTE

GLAS
TUMBLER

Rührglas mit Eis füllen. Whiskey, Sirup, Bitter und Zeste hineingeben und verrühren. Eisbrocken in den Tumbler geben. Inhalt des Rührglases dorthinein abseihen und mit einer frischen Orangenzeste garnieren. Das Soda Water wird separat gereicht.

KLASSIKER MIT VIELEN GEWÄNDERN

Hier geht es vor allem um die verwendete Spirituose selbst. Denn ob balancierter Bourbon, trockener Rye oder süßlicher Corn Whiskey die Basis bildet, bestimmt auch das Mengenverhältnis von Zucker und Bitter, die den Geschmack abrunden und dem Old Fashioned Tiefe verleihen. Ein ideales Getränk, um den perfekten Mix zu erlernen. Sollte das Ergebnis zu stark ausfallen, wirkt ein Schuss Soda Water wahre Wunder. Don Draper aus »Mad Men« sagt Cheers.

TIPP: *Auch mit Rum, Tequila oder Gin lassen sich schöne Old Fashioneds rühren.*

SOUR MACHT LUSTIG

Ein Sour, einmal klassisch und einmal im New Yorker Stil mit aromatischem Rotwein-Float – und mit Zero-Waste-Gedanken gemixt, denn aus Rotweinresten lässt sich im Restaurant wie zu Hause nach der Party ein famoser Sirup kochen als Vorrat für die nächste Party.

WHISKEY SOUR

40 ml BOURBON
20 ml ZITRONENSAFT
10 ml ZUCKERSIRUP
1 EIWEISS

GARNITUR
ZITRONENZESTE

GLAS
NOSINGGLAS

Alle Zutaten in den Shaker geben und zunächst trocken, also ohne Eis, schütteln. Danach Eis hinzugeben und nochmals kräftig schütteln. Anschließend in das Nosingglas abseihen und garnieren.

NEW YORK »IN THE SHEETS« SOUR

40 ml SCOTCH
30 ml ZITRONENSAFT
15 ml ROTWEIN-CUVEE-SIRUP
(siehe Seite 197)
1 EIWEISS *(optional)*

GARNITUR
HEU
ZITRONENZESTE

GLAS
EIERSCHALE ODER NOSINGGLAS

Alle Zutaten in den Shaker geben und zunächst trocken, also ohne Eis, schütteln. Danach Eis hinzugeben und nochmals kräftig schütteln. Anschließend vorsichtig in die Eierschale bzw. in das Nosingglas abseihen und garnieren.

HINWEIS: Gewaschene Eierschalen bei 100 °C ca. 15 Minuten im Ofen backen.

50 ml BOURBON ODER RYE
2 SPRITZER ANGOSTURA BITTER
GINGER ALE

GARNITUR
ZITRONENZESTE

GLAS
LONGDRINKGLAS

Longdrinkglas mit Eis füllen. Whiskey und Bitter hinzugeben. Mit Ginger Ale auffüllen und mit Zeste garnieren.

ERFRISCHENDES QUARTETT

Der Mint Julep wurde im 19. Jahrhundert auch mit Rum oder Genever gemixt, heute aber meist mit Bourbon. Die kultige Lynchburg Lemonade stammt aus dem gleichnamigen Ort in Tennessee, wo viel Whiskey produziert wird, aber offiziell Alkoholverbot gilt – so entstand die

15 BLATT MINZE
2 BL ZUCKER
30 ml BOURBON
30 ml BRANDY
SODA WATER

GARNITUR
MINZE

GLAS
SILBERBECHER / TUMBLER

Die Minze und den Zucker in den Tumbler geben und vorsichtig muddlen, also leicht zerstoßen. Danach den Bourbon und Brandy hinzufügen und umrühren. 5 Minuten ruhen lassen. Dann Crushed Ice hinzugeben, mit Soda Water auffüllen und garnieren.

40 ml TENNESSEE WHISKEY
10 ml TRIPLE SEC
2 LIMETTENACHTEL
2 ZITRONENACHTEL
GRAPEFRUITLIMONADE

GARNITUR
LIMETTENRAD, ZITRONENRAD, GRAPEFRUITZESTE

GLAS
LYNCHBURG MUG
ODER LONGDRINKGLAS

Lynchburg Mug mit Eis füllen. Nacheinander Whiskey, Triple Sec, Limetten und Zitronen hinzugeben. Mit Grapefruitlimonade auffüllen und garnieren.

clevere Tarnung als Limo. Scotch, Amaretto, Apfel und Ginger Beer formen den spritzig-vollmundigen Apple Teaser. Und der Horse's Neck ist der Drink mit Ginger Ale schlechthin. Seinen Namen gibt ihm die lässig vom Glasrand herabhängende Zitronenzeste.

20 ml SCOTCH
10 ml AMARETTO
10 ml CALVADOS
30 ml APFELSAFT
GINGER BEER

GARNITUR
APFELROSE, INGWERSTREIFEN

GLAS
LONGDRINKGLAS

Alle Zutaten bis auf das Ginger Beer in einen Shaker mit Eis geben und einige Male ins Rührglas werfen. Frische Eiswürfel in das Longdrinkglas geben und den Inhalt des Rührglases darin abseihen. Mit Ginger Beer auffüllen und garnieren.

RUSTY NAIL

20 ml SCOTCH
20 ml DRAMBUIE-LIKÖR

GARNITUR
GETROCKNETE ORANGENSCHEIBEN

GLAS
TUMBLER

Eisbrocken in den Tumbler geben. Scotch und Drambuie hinzufügen, vorsichtig umrühren und garnieren.

DER VERKOSTUNGSDRINK

Ein Drink, der nur aus einer Spirituose und einem Likör besteht, der aus dieser Spirituose hergestellt wird: Das mag kurios wirken. Und doch eignet sich der »rostige Nagel« ideal, um verschiedene Whiskysorten »in the mix« auszuprobieren und den persönlichen Favoriten zu entdecken.

JERUSALEM

45 ml SESAME-FATWASHED SCOTCH *(siehe Seite 199)*
10 ml SALZKARAMELLSIRUP *(siehe Seite 199)*
15 ml ITALIENISCHER WERMUT *(rot)*
3 KÖRNER SZECHUANPFEFFER

GARNITUR
2 LIMETTENZESTEN

GLAS
TUMBLER

Rührglas mit Eis füllen. Scotch, Sirup, Wermut und Pfeffer darin kalt einrühren. Eiswürfel in den Tumbler geben. Den Inhalt des Rührglases dorthinein abseihen und garnieren.

REISE NACH JERUSALEM

Eine flüssige Hommage an den Weltenbummler Marco Polo, der von Italien in den Fernen Osten und zurück gen Westen nach Jerusalem reiste: Italienischer Wermut, chinesischer Pfeffer und Sesam aus Nahost zeichnen das Dreieck auf der Aromakarte nach.

1. THE DANDY DIPPER 20 ml RYE + 20 ml DUBONNET + 3 SPRITZER ANGOSTURA BITTER + 2 SPRITZER CRÈME DE CASSIS + GINGER ALE | **GARNITUR** ORANGENZESTE + ROTE WEINTRAUBEN | **GLAS** LONGDRINKGLAS | Alle Zutaten bis auf das Ginger Ale in einen Shaker mit Eis geben und einige Male ins Rührglas werfen. Longdrinkglas mit Eiswürfeln füllen, den Inhalt des Rührglases darin abseihen, mit Ginger Ale auffüllen und garnieren. **2. BOURBON MILKPUNCH** 40 ml BOURBON + 60 ml MANDELMILCH + 2 BL RUNNY HONEY *(siehe Seite 197)* + 1 TROPFEN VANILLEAROMA | **GARNITUR** MANDELSPLITTER + WAFFEL | **GLAS** KLEINE MILCHFLASCHE ODER LONG-

DREI WHISKEY, BITTE!

Rye, Bourbon und Corn Whiskey formen drei Drinks: einmal süß-bitter, einmal mit seidiger Textur, einmal würzig und fizzy.

DRINKGLAS | Alle Zutaten in den Shaker geben und zunächst trocken, also ohne Eis, schütteln. Danach Eis hinzugeben und nochmals kräftig schütteln. Crushed Ice in die Milchflasche oder das Longdrinkglas geben und den Inhalt des Shakers darin abseihen. **3. CORN & VOODOO** 40 ml CORN WHISKEY + 20 ml ZITRONENSAFT + 15 ml AHORNSIRUP + 6 BLATT BASILIKUM + GINGER BEER | **GARNITUR** BASILIKUMZWEIG + MAPLE CANDY *(süßes Gebäck mit Ahornsirup)* + ROT-WEISSER TRINKHALM | **GLAS** LONGDRINKGLAS | Shaker mit Eis füllen. Alle Zutaten bis auf das Ginger Beer hinzufügen und kräftig schütteln. Longdrinkglas mit Eis füllen. Inhalt des Shakers darin doppelt abseihen, mit Ginger Beer auffüllen und garnieren. Das Glas in einer Papiertüte servieren.

TEQUILA & MEZCAL

SO MEXICO

Wer Tequila mag, weiß vielleicht gar nicht, dass es eigentlich ein Mezcal ist, der gerade so gut schmeckt. Aber das ist nur eines von mehreren Missverständnissen, die sich um die Spirituose ranken. Es gilt: Jeder Tequila ist auch ein Mezcal, aber nur ganz bestimmte Mezcals dürfen Tequila genannt werden – nämlich die, die auch von dort kommen.

Denn Tequila ist zunächst einfach nur eine Stadt in Mexiko, gegründet 1666 und im heutigen westlichen Bundesstaat Jalisco gelegen. Genau dort – und nur dort – wird heute Tequila destilliert, aus dem absoluten Star unter den Agaven: der Blauen Weber-Agave.

Dass sich mit dem Saft der Liliengewächse einiges anstellen lässt, weiß man in Mexiko bereits seit dem 16. Jahrhundert. Damals begannen Bauern, aus der Agave ein fermentiertes Getränk herzustellen: Pulque. Dieser Prozess wurde mit der Zeit verfeinert, und schließlich kamen nur noch die Herzen der Agaven – die »piñas« – zum Einsatz. Als den spanischen Eroberern der aus der Heimat mitgebrachte Brandy ausging und sie buchstäblich auf dem Trockenen saßen, nahmen sie diesen Rohstoff, um daraus etwas Höherprozentiges zu destillieren – und nannten es Mezcal – »das Haus des Mondes«.

Hochprozentig ist das Stichwort, wenn es um den Ruf des Tequilas hierzulande geht. Denn die Spirituose galt lange Zeit als Garant für Kopfschmerzen, die man wohl oder übel in Kauf nahm. Vielleicht, weil man es anfangs nicht besser wusste. Vielleicht aber auch, weil der schnelle, preiswerte und dafür umso heftigere Rausch in die damalige Zeit, in das Shotglas und neben das Bier passte. Tatsache ist: Damit sich ein Mezcal Mezcal nennen darf, muss zu mindestens 51 Prozent der Saft der

Agaven verwendet werden. Damit sich ein Tequila Tequila nennen darf, muss zu mindestens 51 Prozent der Saft der Blauen Weber-Agave verwendet werden. Die Ursache für das morgendliche Unwohlsein sollte also besser in den verbleibenden 49 Prozent gesucht werden als in der Agave. Wem diese »Mixto«-Variante nicht bekommt, der wird beim »Vulgo« fündig – hergestellt aus 100 Prozent Agaven. Das ist ohnehin angemessen: Denn die Agave gilt in Mexiko als göttliche Frucht. Deren Herz nach Jahren der Aufzucht zu ernten und zu verarbeiten, ist Statement und tradierte Kulturtechnik, wobei es um weit mehr geht als die Herstellung einer Spirituose. Genauso vielfältig ist heute die Geschmackswelt der Tequilas und Mezcals. Tequila ist mehr als das Drehmoment in der Margarita. Und ein guter Mezcal zeichnet sich nicht dadurch aus, dass auf dem Flaschenboden ein Wurm schwimmt – der übrigens gar kein Wurm, sondern eine Schmetterlingsraupe ist.

VIELFALT MIT AGAVE

Das hätte die Agave, die erst nach sechs bis zehn Jahren zum ersten und einzigen Mal überhaupt blüht und geerntet werden kann, auch wirklich nicht verdient. Die Geschmacksvielfalt präsentiert sich dabei beim Mezcal noch offensichtlicher und üppiger als beim Tequila, für dessen Herstellung strengere Regeln gelten. Wenn ein Mezcal nach Hühnchen schmeckt, dann ist das keine Einbildung, sondern Tradition: Bevor die Bauern sich füher vor dem Sonnenaufgang auf den Weg gen Feld machten, setzten sie ihre Agavenmaische auf und hängten ihr Mittagessen einfach über den Topf. Das Huhn war dann zur Mittagszeit wunderbar gar, slow cooked, und sein Geschmack hinuntergezogen in den Topf. Solche Geschmacksrichtungen findet man noch heute in der Mezcal-Welt. Weitere Nuancen entstehen – beim Tequila und Mezcal – durch die Lagerung. Denn sind die Agavenherzen erst geerntet, gegart, fermentiert, gefiltert und destilliert, entscheidet die Alterung über den tatsächlichen Geschmack. Was bis zu einem Jahr in Eichenfässern lagert, ist ein »Reposado«. Nach bis zu drei Jahren im Fass entsteht ein »Añejo«, nach über drei Jahren kann ein »Extra Añejo« abgefüllt werden. Innerhalb dieses Reifeprozesses werden die Weichen gestellt in Sachen Aromen und Färbung.

Als Don Pedro Sánchez de Tagle um 1600 die erste Tequila-Fertigungsstätte aufbaute und nur wenige Jahre später auch Steuern dafür zahlte, war die erste amerikanische Spirituose überhaupt geboren. Kein Wunder also, dass der Siegeszug des Tequilas zunächst in den USA begann. Heute arbeiten Bartender weltweit daran, den unbändigen Charme von Tequila und Mezcal zu zähmen und begreifbar zu machen. Die Erzeugnisse sind überraschend und lecker: Trotz zum Teil sehr individueller Geschmacksrichtungen – ein Resultat der Experimentierfreudigkeit der Hersteller – sind beide Produkte vielfältig einsetzbar.

3 FAKTEN

1. JEDER TEQUILA IST AUCH EIN MEZCAL, ABER NICHT JEDER MEZCAL EIN TEQUILA: HERKUNFT UND AGAVENART ENTSCHEIDEN.
2. VON DREI BIS ZU ZWÖLF MONATEN LAGERUNG IM EICHENFASS ENTSTEHT EIN »REPOSADO« UND NACH BIS ZU DREI JAHREN IM GLEICHEN FASS EIN »AÑEJO«. WAS LÄNGER LIEGT, WIRD ALS »EXTRA AÑEJO« VERKAUFT.
3. NUR »VULGO«-PRODUKTE BESTEHEN ZU 100 PROZENT AUS AGAVEN.

TEQUILA SUNRISE

40 ml TEQUILA
20 ml ZITRONENSAFT
70 ml ORANGENSAFT
15 ml GRENADINE

GARNITUR
ORANGENSCHEIBE

GLAS
HURRICANEGLAS
ODER LONGDRINKGLAS

Tequila, Zitronensaft und Orangensaft in das Glas geben. Mit Eiswürfeln auffüllen, Grenadine vorsichtig hinzugeben (floaten), damit der klassische »Sunrise«-Effekt im Glas entsteht, und garnieren.

BERLINER MORGENRÖTE

40 ml TEQUILA *(reposado)*
50 ml BLUTORANGENSAFT
10 ml LIMETTENSAFT
5 BL GRANATAPFELSUD *(siehe Seite 193)*
SALZ-LIMETTEN-ESPUMA *(siehe Seite 199)*
TONIC WATER

GARNITUR
GRANATAPFELKERNE

GLAS
COUPETTEGLAS

Shaker mit Eis füllen. Alle Zutaten bis auf den Espuma und das Tonic Water hineingeben und kräftig schütteln. In das Coupetteglas doppelt abseihen. Mit Tonic Water auffüllen, mit Salz-Limetten-Espuma toppen und garnieren.

SONNENAUFGÄNGE

Weil in den USA der 1920er-Jahre Prohibition herrschte, zog es durstige Kehlen zum Trinken nach Mexiko. In der Bar der Pferderennbahn des grenznahen Orts Agua Caliente wurde ein Drink für die Touristen gemixt, der aus Tequila, Zitronenlimonade, Grenadine, Crème de Cassis und Soda Water bestand. Seitdem steht der Tequila Sunrise für Urlaub, Strand und Sonnenschein wie kaum ein anderer Cocktail. Die Berliner Morgenröte ist eine intensivere Variante mit gelagertem Tequila, Granatapfelsud, aromatischer Blutorange und einer Prise Salz.

CANTARITOS

50 ml TEQUILA *(reposado)*
20 ml LIMETTENSAFT
20 ml ORANGENSAFT
15 ml GRAPEFRUITSAFT
2 SCHEIBEN ORANGE
2 SCHEIBEN GRAPEFRUIT
1 PRISE SALZ
GRAPEFRUITLIMONADE
(z. B. Ultimate Grapefruit)

GARNITUR
GRAPEFRUITZESTE
PRISE MEERSALZ

GLAS
TONKRUG ODER TUMBLER

Alle Zutaten bis auf die Grapefruitlimonade in den Tonkrug geben und muddlen, also vorsichtig zerstoßen. Eiswürfel hinzugeben, mit der Grapefruitlimonade auffüllen und garnieren.

OLDSCHOOL-LONGDRINK

Tequila, Limettensaft und Salz: Diese so zeitgeistig anmutende Kombination blickt auf eine fünfhundertjährige Tradition zurück und ist vermutlich der älteste Longdrink der Welt. Ihn tranken schon damals die mexikanischen Bauern zur Siesta, stets mit einer ordentlichen Prise Salz, um den Mineralhaushalt nach harter Arbeit auf den Agavenfeldern auszugleichen. Die daraus entstandene Paloma ist eine lebende Legende, und dieser Drink eine Abwandlung, die das Zitrusaroma noch weiter auffächert.

PACIFIC TEA

30 ml TEQUILA
50 ml KALTER JASMINTEE *(leicht gezuckert)*
20 ml ZITRONENSAFT
10 ml GEWÜRZSIRUP *(siehe Seite 193)*
TONIC WATER

GLAS

LONGDRINKGLAS

Shaker mit Eis füllen. Alle Zutaten bis auf das Tonic Water hinzugeben und kräftig schütteln. Eiswürfel in das Longdrinkglas geben. Inhalt des Shakers darin doppelt abseihen und mit Tonic Water auffüllen.

ÜBER DEN OZEAN

Dieser Drink spült Jasmintee und Gewürze aus der Asia-Pazifik-Region an die mexikanische Küste.

MICHELADA

35 ml MEZCAL
25 ml LIMETTENSAFT
1 SPRITZER SELLERIE-BITTER
3 SPRITZER CHOLULA *(mexikanische Chilisauce)*
10 ml PASSIONSFRUCHTSIRUP
LAGER BEER ODER HELLES

GARNITUR

HOPFENDOLDEN
TACO

GLAS

TUMBLER

Rührglas mit Eis füllen. Alle Zutaten bis auf das Bier hinzufügen und verrühren. Eisbrocken in den Tumbler geben. Inhalt des Rührglases darin abseihen und mit Bier auffüllen. Mit Hopfendolden garnieren und mit einem Taco servieren.

BIER IM DRINK

Die New Yorker Speakeasy-Bar »Please Don't Tell« (PDT) des US-Bartenders Jim Meehan ist legendär, sein Drink ist es nicht minder: Werden Mezcal und Bier in mexikanischen Bars gerne parallel getrunken wie hierzulande das traditionelle Herrengedeck mit kühlem Blonden und Korn, finden Bier und Spirituose bei ihm sogar in einem Glas statt. Passt nämlich wunderbar.

EL DIABOLO

40 ml TEQUILA *(weiß)*
15 ml LIMETTENSAFT
GINGER ALE
15 ml CRÈME DE CASSIS

GARNITUR
ORANGENZESTE

GLAS
LONGDRINKGLAS

Longdrinkglas mit Eis füllen. Tequila, Limettensaft und Ginger Ale hinzugeben. Langsam Crème de Cassis hinzufügen (floaten), vorsichtig umrühren und garnieren.

MARGARITA

40 ml TEQUILA *(weiß)*
5 ml TRIPLE SEC
30 ml LIMETTENSAFT

GARNITUR
SALZ
LIMETTENZESTE

GLAS
COUPETTEGLAS

Shaker mit Eis füllen. Tequila, Triple Sec und Limettensaft hinzufügen und kräftig schütteln. Coupetteglas mit Salzrand versehen. Inhalt des Shakers darin doppelt abseihen und garnieren.

BEKANNT VS. VERKANNT

Wer hat die Margarita erfunden, den womöglich meistgetrunkenen Cocktail der Welt? Gleich mehrere Bartender beanspruchen den Geniestreich im Glas für sich. Fest steht: Als das amerikanische Magazin »Esquire« 1953 titelte: »She is from Mexico, Señores, and her name is the Margarita Cocktail – and she is lovely to look at, exciting and provocative«, begann ein weltweiter Siegeszug. Still hingegen wurde es um einen anderen Tequila-Klassiker, den El Diabolo. Zu Unrecht. Verhelfen wir ihm zu einem Comeback.

MEXICAN CUCUMBER

30 ml MEZCAL
60 ml GURKENSAFT *(siehe Seite 193)*
20 ml LIMETTENSAFT
15 ml ZUCKERSIRUP
1 PRISE MEERSALZ
GRAPEFRUITLIMONADE *(z. B. Ultimate Grapefruit)*

GARNITUR

ROTE PFEFFERKÖRNER
GURKENSTREIFEN

GLAS

LONGDRINKGLAS

Alle Zutaten bis auf die Grapefruitlimonade in den Blender geben und mixen. Frische Eiswürfel in das Longdrinkglas geben. Inhalt des Mixers hinzugeben, mit Grapefruitlimonade auffüllen und garnieren.

GIB DIR DIE GURKE

Die Gurke hat vor ein paar Jahren den Sprung ins Glas geschafft – allerdings meist nur als Garnitur. Dabei ist sie ein durchaus spannender Geschmacksgeber. Mexikanische Connaisseure wissen das schon länger, gewürzter Gurkensaft hat hier Tradition. Im Zusammenspiel mit rauchigem Mezcal, erfrischender Limette und fruchtigem Grapefruitsaft eine alles andere als krumme Sache.

1. BASIL CRANBERRY JULEP

40 ml MEZCAL + 20 ml LIMETTENSAFT + 40 ml CRANBERRYNEKTAR + 10 ml AGAVENDICKSAFT + 6 BLÄTTER BASILIKUM + GRAPEFRUITLIMONADE | **GARNITUR** BASILIKUM + GETROCKNETE CRANBERRYS | **GLAS** SILBERBECHER ODER TUMBLER | Shaker mit Eis füllen. Alle Zutaten bis auf die Grapefruitlimonade hinzufügen und kräftig schütteln. Den Inhalt des Shakers in den Silberbecher abseihen und Crushed Ice hinzugeben. Mit Grapefruitlimonade auffüllen und garnieren.

2. MOOSBEERE UND RAUCH

50 ml MEZCAL + 30 ml CRANBERRYSIRUP *(siehe Seite 192)* + 1 SPRITZER CHOCOLATE BITTER | **GARNITUR** GETROCKNETE ORANGENSCHEIBE | **GLAS** TUMBLER | Rührglas mit Eis füllen. Alle Zutaten im Rührglas verrühren. Eisbrocken in den Tumbler geben. Inhalt des Rührglases dorthinein abseihen und garnieren.

3. MEXICAN MULE

30 ml MEZCAL + 20 ml KAFFEELIKÖR + 10 ml LIMETTENSAFT + 3 BL CRANBERRYMARMELADE *(siehe Seite 192)* + GINGER BEER | **GARNITUR** KAFFEEBOHNEN + INGWERSTREIFEN | **GLAS** MULE MUG ODER TUMBLER | Mezcal, Kaffeelikör, Limettensaft und Marmelade in das Glas geben. Vorsichtig verrühren und Eiswürfel hinzugeben. Mit Ginger Beer auffüllen und garnieren.

3

1

MEZCAL MEETS MOOSBEERE

Dreierlei von der Cranberry: Saft, Sirup und Marmelade. Süßlich-herbe Beerenaromen treffen auf rauchigen Mezcal. Kaffee, Basilikum und Schokolade heben den Geschmack effektvoll hervor.

BRANDY & WEINBRAND

WEINGEISTIG

Der Weinbrand ist eine der vielfältigsten Spirituosen. Das hängt zum einen mit der Geschichte zusammen. Der Weinbrand, aus dessen mittelniederdeutscher Bezeichnung »brandewīn« der englische Name »brandy wine« entstand und als verkürztes »Brandy« im heutigen Sprachgebrauch endete, ist gleichzeitig eine der ältesten Spirituosen der Welt. Wichtig für den Charakter ist dabei immer die regionale Herkunft.

Schon 1000 n. Chr. soll man in der Region der heutigen Türkei Wein destilliert haben, um Hochprozentiges zu gewinnen. Im Mittelalter wurde dies bereits europaweit hergestellt, wobei der geschmackliche Charakter der Spirituose immer regional geprägt ist, und das bis heute. Verantwortlich dafür ist der Grundstoff: Wein. Für Weinbrand wird also eine Grundzutat weiterverarbeitet, die für sich genommen bereits ein alkoholisches Getränk und fertiges Produkt darstellt. Geschmack und Aroma dieser Grundzutat sind folglich so vielfältig wie das gut sortierte Weinregal. Die Trauben aus der französischen Charente schmecken völlig anders als die aus der spanischen Region Jerez de la Frontera. Und der berühmte armenische Weinbrand darf ebenfalls nur aus Grundweinen einheimischer Produktion destilliert werden, die geschmacklich nur wenig mit denen aus Andalusien zu tun haben.

Auch die Destillationsverfahren weisen von Region zu Region große Unterschiede auf, die sich in der Lagerung fortsetzen. Und dann ist da noch das Image. Einerseits begegnet einem Weinbrand bei jedem Einkauf in den günstigen kleinen Fläschchen an der Kasse im Supermarkt, andererseits steht Weinbrand – insbesondere Cognac – für ein sehr gediegenes Getränk: serviert im betont großen Cognacschwenker. Ein Tipp für all jene, die Letzterem nacheifern: Cognacschwenker sollten vor dem Gebrauch auf keinen Fall angewärmt werden. Die feinen Aromen guten Weinbrands verflüchtigen sich schnell – im angewärmten Glas sogar noch bevor die Spirituose überhaupt sinnlich wahrgenommen werden kann.

DIE HERKUNFT ENTSCHEIDET

Was kennzeichnet nun welchen Weinbrand, und wie schmeckt er? Anhand der Herkunft und der regionalen wie nationalen Reglementierungen lassen sich durchaus Unterscheidungen vornehmen. Auch wenn die Bezeichnung Cognac immer noch oft als Synonym für Weinbrand verwendet wird, darf sich die Spirituose selbst nur dann Cognac nennen, wenn sie aus den umliegenden Departements der Stadt Cognac stammt – aus Charente oder Charente-Maritime. Der Wein wird in zwiebelförmigen Brennblasen destilliert und anschließend mindestens 30 Monate in Eichenfässern gelagert: Das verwendete Holz stammt aus den Wäldern des Limousin. Trotzdem ist Cognac nicht gleich Cognac. Die Weine aus den Waldregionen Fine Boise und Bon Boise sind intensiver und kräftiger als die eher fruchtigen und floralen Aromen der Trauben in der berühmten Grand und Petit Champagne. Diese Unterschiede prägen auch das Eau de Vie. So wird das Destillat genannt, bevor es mit der Lagerung zum Weinbrand reift. Übrigens: Die Champagnerlagen der Charente sind nicht zu verwechseln mit den Champagnertrauben, die dem edlen Schaumwein aus Nordfrankreich seinen Namen geben.

Neben dem Cognac ist auch der Armagnac eine geschützte Bezeichnung für einen Weinbrand aus der Region Gascogne. Armagnac wird nur einmal destilliert, der Prozess ist eine Kombination aus den normalerweise getrennten Vorgängen des ersten Roh- und zweiten Feinbrands.

Zwar ist der Cognac berühmt, doch macht er Frankreich weder zum größten Hersteller von Weinbrand, noch lässt sich dessen Prominenz mit der längsten Tradition begründen. Beide Titel gehen an den südlichen Nachbarn, nach Spanien. Fast der gesamte von dort stammende Weinbrand kommt aus der Region um Jerez de la Frontera in Andalusien. Brandy de Jerez ist wie der Cognac eine geschützte Herkunftsbezeichnung. Spanische Weinbrände unterscheiden sich aber auch hinsichtlich Destillation und Lagerung von ihren nördlichen Pendants. Der spanische Brandy besteht klassischerweise aus zwei verschiedenen Destillaten, genannt Holandas und Destillados, die sich in Alkoholgehalt und Intensität unterscheiden. Gelagert wird im Solera-Verfahren, zumeist in alten Sherryfässern aus amerikanischer weißer Steineiche. Bei diesem Verfahren werden keine Jahrgänge gezählt, sondern die Destillate durchlaufen eine Lagerung in unterschiedlichen Fassreihen. Dem jüngsten Fass wird ein Teil entnommen und ins nächstältere gefüllt. In dem Fass ist Platz, denn auch daraus wurde ein Teil ins wiederum nächstältere gefüllt. Das jüngste Fass wird mit frischem, ungelagertem Destillat aufgefüllt. Nachdem Holandas und Destillados dem ältesten Fass entnommen wurden, werden sie gemischt und erneut gelagert. Um den Alkoholgehalt zu senken, kommt Wasser hinzu – endlich fertig ist der spanische Brandy.

Erwähnt sei an dieser Stelle auch der Deutsche Weinbrand, der diese geschützte Bezeichnung nur dann tragen darf, wenn er mindestens 38 Prozent Alkohol enthält und – typisch deutsch – eine amtliche Prüfnummer aufweist. Dank dieser Anforderungen ist der bekannte »Asbach Uralt« ein Deutscher Weinbrand, »Chantré« und »Goldkrone« hingegen nicht. Ihr Alkoholgehalt liegt bei 36 beziehungsweise 28 Prozent.

In der Bar-Kultur gehört der Weinbrand zu den Hidden Champions. Er steht selten in der ersten Reihe, lässt sich aber so vielfältig und individuell einsetzen, dass keine Bar ohne ihn auskommt. Von wegen Asbach, der Weinbrand ist ein ewig Junggebliebener.

3 FAKTEN

COGNAC-SCHWENKER

VOR DEM GEBRAUCH NICHT ERWÄRMEN. SONST VERFLÜCHTIGEN SICH DIE AROMEN ZU SCHNELL.

SPANIEN

IST GRÖSSTER WEINBRANDPRODUZENT.

VIELFÄLTIGKEIT

REGIONALER UNTERSCHIEDE UND TRADITIONEN MACHEN DEN WEINBRAND ZU EINER DER GESCHMACKLICH ABWECHSLUNGSREICHSTEN SPIRITUOSEN ÜBERHAUPT.

SIDECAR

40 ml BRANDY
20 ml ORANGENLIKÖR
20 ml ZITRONENSAFT
10 ml ZUCKERSIRUP

GARNITUR

ZITRONENZESTE
ZUCKER

GLAS

COUPETTEGLAS

Shaker mit Eis füllen. Alle Zutaten darin kräftig schütteln. Coupetteglas zur Hälfte mit einem feinen Zuckerrand versehen. Inhalt des Shakers darin doppelt abseihen und mit Zitronenzeste garnieren.

BRANDY ALEXANDER

30 ml BRANDY
20 ml CRÈME DE CACAO
20 ml SAHNE

GARNITUR
KAKAOSPLITTER

GLAS
COUPETTEGLAS

Shaker mit Eis füllen. Alle Zutaten hineingeben und kräftig schütteln. Inhalt des Shakers in das Coupetteglas doppelt abseihen. Mit Kakaosplittern garnieren.

APFELIG
Antoinette holt alles aus dem regionalen Apfel heraus: Apfelbranntwein, Apfelessig, Apfelsaft.

ANTOINETTE

30 ml CALVADOS
20 ml APFELSAFT
10 ml ZUCKERSIRUP
1 BL APFELESSIG
TONIC WATER

GARNITUR
KLEINER BRATAPFEL ODER KANDIERTER APFEL MIT STIEL

GLAS
WEINGLAS

Alle Zutaten bis auf das Tonic Water in den Shaker mit Eis geben und einige Male ins Rührglas werfen. Eiswürfel in das Weinglas geben. Inhalt des Rührglases ins Glas geben, mit Tonic Water auffüllen und garnieren.

ANTONIO 1953

10 ml COGNAC
10 ml GIN
5 ml MARASCHINO
20 ml WALDMEISTERSIRUP
10 ml LIME JUICE CORDIAL
SODA WATER

GARNITUR
WALDMEISTERZWEIG
LIMETTENZESTE

GLAS
TUMBLER

Alle Zutaten bis auf das Soda Water in den Shaker mit Eis geben und einige Male ins Rührglas werfen. Eiswürfel in den Tumbler geben. Inhalt des Rührglases darin abseihen. Mit Soda Water auffüllen und garnieren.

WALDMEISTERLICH

Die Wirkung der heimischen Waldpflanze als Zutat deutet sich schon im Namen an, wird sie doch auch als »Wohlriechendes Labkraut« bezeichnet. Aber nicht nur der Duft, auch das geschmackliche Aroma des Waldmeisters ist markant: süßer und fruchtiger, als man es von einem Kraut erwarten würde.

SCHÜTTEL DEINEN SPECK

Ein fruchtig-cremiges Fleischerlebnis

FREDDY BACON

40 ml ASBACH-BACON FATWASHED *(siehe Seite 191)*
HONEYCUP MILKPUNCH *(siehe Seite 194)*
COFFEE TONIC

GARNITUR

DATTEL IM SPECKMANTEL
GETROCKNETE ORANGENSCHEIBE

GLAS

TUMBLER

Rührglas mit Eis füllen. Asbach-Bacon Fatwashed und Honeycup Milkpunch darin verrühren. Eisbrocken in den Tumbler geben. Inhalt des Rührglases dorthinein abseihen, mit Coffee Tonic auffüllen und garnieren.

MRS. FITZHERBERT

20 ml WEISSER PORTWEIN
20 ml CHERRY BRANDY
8 BLÄTTER MINZE
CHERRY BLOSSOM TONIC

GARNITUR

BRANDYKIRSCHE
(siehe Seite 191)

GLAS

NOSINGGLAS

Rührglas mit Eis füllen. Portwein, Cherry Brandy und Minze darin verrühren. Inhalt des Rührglases in das Nosingglas abseihen, mit Cherry Blossom Tonic auffüllen, vorsichtig umrühren und garnieren.

VERBOTENE LIEBE

Namensgeberin dieses feinen Drinks ist Maria Fitzherbert, eine Bürgerliche aus Brighton (1756–1837). An ihr fand kein Geringerer als der damalige Prince of Wales großen Gefallen. Was heute zu einer Traumhochzeit führen würde, musste seinerzeit im Verborgenen vonstattengehen – später mussten sich die beiden aufgrund der Klassenunterschiede gar trennen. Auf ihr Wohl.

HEUTE EINER MIT HEU

Dieser Drink wurde an der Bar des Berliner Restaurants »Panama« erfunden. Für ihn wurde aus heimischem Heu ein Sirup hergestellt, der bestens zu Brandy und dem Aperitif Dubonnet passt. Der Cocktail wird dort übrigens als Begleitung zum Käsegang serviert. Ein Pre-Dessert-Drink.

HEU HEU HEU

45 ml BRANDY *(z. B. Carlos I)*
25 ml HEUSIRUP *(siehe Seite 194)*
20 ml DUBONNET
2 SPRITZER ANGOSTURA BITTER
GINGER ALE

GARNITUR
HEU

GLAS
LONGDRINKGLAS

Alle Zutaten bis auf das Ginger Ale in das Longdrinkglas geben und vorsichtig verrühren. Kugeleis hinzufügen und mit Ginger Ale auffüllen. Glas im Heunest platzieren und servieren.

RASPBERRY MIST

450 g HIMBEEREN
(frisch oder tiefgekühlt)
120 ml BRANDY
120 ml RUNNY HONEY
(siehe Seite 197)
200 ml GINGER BEER
1,5 FLASCHEN SCHAUMWEIN

GARNITUR

HIMBEEREN
ZITRONENSCHEIBEN

GLAS

BOWLESET *(oder anderes großes Gefäß)*
TEETASSEN ODER TUMBLER

Himbeeren, Brandy und Runny Honey im Bowlegefäß verrühren. Mit Ginger Beer und Schaumwein auffüllen. Eiswürfel hinzufügen und garnieren.

BESSER BOWLEN

Viele Gäste haben sich angekündigt? Hier kommt die stilvolle Alternative zur Standardbowle mit Brandy, Schaumwein und Ginger Beer.

WERMUT

KRÄUTERHEXE AUS DEM KLOSTER

5:1 – das ist nicht das Ergebnis eines Fußballspiels, sondern das klassische Mischungsverhältnis für den Martini-Cocktail. In James Bonds Lieblingsdrink muss sich der Wermut hinten anstellen und den Großteil des Glases dem Kollegen Gin überlassen. Schlimm ist das nicht, im Gegenteil: Denn die Wermuttradition ist länger und spannender als jede Agentenschmonzette des MI6. Aber: Genau wie in den Schlachtplänen der Bösewichte kommt es auch beim Wermut auf jedes Detail an. So erst entsteht die einzigartige Geschmackswelt.

Die Entstehungsgeschichte des Wermuts ist lang und ausgesprochen international. Denn Wermut ist zunächst einmal nur Wein. Erst mit Kräutermischungen bekommt er seinen besonderen Geschmack und wird dann mit zusätzlichem Alkohol versetzt, »aufgespritet«, so der Fachbegriff. Die Idee, Wein mit Kräutern anzureichern, ist so alt wie die Geschichte des Weins selbst. Die ersten überlieferten Rezepte stammen aus Griechenland rund 400 Jahre vor unserer Zeitrechnung, doch schon lange davor experimentierten findige Bauern und Mediziner damit. Sie sprachen den Mixturen heilende Wirkung zu. Das Wermutkraut – oder Bitterer Beifuß – gilt als Heilpflanze und wurde im alten Griechenland ebenso verwendet wie in Ägypten. Hildegard von Bingen dokumentierte seine Wirkung und Anwendungsbereiche. Bis heute hat es einen hohen Stellenwert. Vor allem die Bitterstoffe sollen bei allerhand Beschwerden helfen.

Wie daraus eine unverzichtbare Zutat für klassische Cocktails wie den Negroni wurde? Das ist vor allem der Geschäftstüchtigkeit von Antonio Benedetto Carpano zu verdanken. Er verkaufte ab 1786 im heimatlichen Turin Wermut und traf mit seinem Kräuterrezept im süßen Wein die Geschmacksnerven der vornehmen Gesellschaft. Das Getränk wurde zum Exportschlager und fand so schließlich weiterentwickelt und in zahlreiche Varianten verfeinert seinen

3 FAKTEN

DIE BASIS VON WERMUT IST WEIN
DER WIRD MIT KRÄUTERN VERSETZT UND DANN AUFGESPRITET.

IN VINO VERITAS
UND DIE WÄHRT AM LÄNGSTEN, WENN MAN ANGEBROCHENE FLASCHEN IM KÜHLSCHRANK LAGERT.

FRÜHER GALT
ROTER WERMUT IST SÜSS, WEISSER EHER TROCKEN. HEUTE GIBT ES ABER NOCH VIEL MEHR ZU ENTDECKEN UND ERSCHMECKEN.

Weg in die besten Bars der Welt. Denn natürlich blieb es nicht bei Carpanos süßer und roter Variante. Bereits Anfang des 19. Jahrhunderts wurde der erste trockene und weiße Wermut in Frankreich verkauft – noch bitterer und mit deutlich anderem Aroma.

ROT-WEISSE UNIVERSALWAFFE

Bis heute spricht man vom italienischen und französischen Wermut. Der italienische »Rosso« gilt dabei als süßer als der französische. Diese Unterteilung ist aber nur als grobe Orientierung zu verstehen. Rot, weiß, süß, trocken: Die Farbe lässt schon längst keine Rückschlüsse mehr auf den Geschmack zu. Der wird an anderer Stelle entschieden, im stillen Kämmerlein der Kräuterküchen, wo die Zutaten zueinanderfinden: Zimt, Kamille, Kardamom, Majoran, Koriander, Ingwer, Wacholder, Chinarinde, Süßholz oder Gewürznelken – gepaart mit den unterschiedlichsten Früchten – vereinen sich mit dem Wermutkraut zu etwas ganz Besonderem.

Der Wermut ist mit all seinen pflanzlichen Nuancen ein kraftvoller, immer wieder überraschender Geschmacksträger und damit der perfekte Aperitif. Die geschmackliche Vielfalt und die unterschiedlichen Trockenheitsgrade bestimmen das Flair im Cocktail und lassen die deutlich hochprozentigeren Zutaten fast in den Hintergrund treten. Auf eine bestimmte Spirituose kann man in der Regel verzichten, auf Wermut nie. Ein echtes Schweizer Taschenmesser der Bar-Kultur, das mit seinem vergleichsweise geringen Alkoholgehalt – in der Regel zwischen 16 und 18 Prozent – zudem voll im Trend liegt. Weniger ist manchmal eben doch mehr.

APROPOS

Wermut wird aus Wein hergestellt. Und Wein hat – einmal geöffnet – nur eine begrenzte Haltbarkeit. Das Gleiche gilt für den Wermut. Sein geringer Alkoholgehalt macht ihn anfällig für den Zahn der Zeit, da helfen auch keine Erste-Hilfe-Negronis oder extra floralen Martinis. Wermutflaschen sollten nach dem ersten Öffnen immer im Kühlschrank aufbewahrt werden, egal ob rot oder weiß. Und nach ungefähr einer Woche muss jeder selbst entscheiden, ob damit noch gemixt werden kann oder eher nicht. Für Gäste jedoch sollte man dann lieber eine neue Flasche öffnen. Das bedeutet aber nicht, dass die bereits angebrochene weggekippt werden muss: Mit seinen vielfältigen Geschmacksnoten ist eine halbleere Flasche Wermut der ideale Beginn für einen Sirup – in dem auch noch andere Weinreste ihren Platz finden.

Eine Bar ohne Negroni? Undenkbar. Selbst wenn er nicht auf der Karte steht, jeder Bartender kennt sein Rezept. Der Negroni, der Bronx mit zweierlei Wermut und der Blood and Sand mit Scotch Whisky, sie alle entstanden in den Zwanziger- und Dreißigerjahren des vergangenen Jahrhunderts. Zu einer Zeit, in der es keine Zutatenfülle gab, in der es galt, aus wenigem etwas Besonderes zu schaffen.

BLOOD AND SAND

20 ml WHISKY *(rauchig)*
20 ml CHERRY BRANDY
25 ml ROTER WERMUT
20 ml FRISCH GEPRESSTER ORANGENSAFT

GARNITUR
ORANGENZESTE

GLAS
COUPETTEGLAS

Zutaten in den Shaker mit Eis geben und einige Male ins Rührglas werfen. Drink in das Coupetteglas abseihen. Mit Orangenzeste garnieren.

NEGRONI

30 ml GIN
30 ml ITAL. ROTER WERMUT
30 ml CAMPARI

GARNITUR
ORANGENZESTE

GLAS
TUMBLER

Alle Zutaten im Rührglas auf Eis verrühren. Ein größeres Stück gebrochenes Eis in den Tumbler geben. Inhalt des Rührglases darin abseihen. Mit Orangenzeste garnieren.

BRONX

40 ml GIN
20 ml WEISSER WERMUT *(trocken)*
10 ml ROTER WERMUT
20 ml ORANGENSAFT

GARNITUR
ORANGENZESTE

GLAS
COUPETTEGLAS

Shaker mit Eis füllen. Alle Zutaten hinzufügen und schütteln. Den Drink in ein Coupetteglas abseihen und mit Orangenzeste garnieren.

30 ml GIN
20 ml ITAL. ROTER WERMUT
1 SPRITZER ANGOSTURA BITTER
1 SPRITZER MARASCHINO
TONIC WATER

IM HIGHBALL-HIMMEL

Wie wird aus einem klassischen Digestif-Cocktail ein prickelnd-süffiger Aperitif? Ganz einfach: indem Filler ins Spiel kommen. Martini, Martinez und Manhattan, drei große Namen an der Bar, werden mit Tonic Water oder Ginger Ale zu trendigen Highballs. Beim Martini Highball hinterlässt gar die Olivenlake – sonst meist ein Opfer des Ausgusses – aromatische Eindrücke.

GARNITUR
ZITRONENZESTE

GLAS
LONGDRINKGLAS

Kugeleis in das Longdrinkglas geben. Nacheinander Gin, Wermut, Bitter und Maraschino hinzugeben. Mit Tonic Water auffüllen und mit Zitronenzeste garnieren.

MARTINI HIGHBALL

35 ml GIN
15 ml WEISSER WERMUT *(trocken)*
3 BL OLIVENLAKE
TONIC WATER

GARNITUR
3 GRÜNE OLIVEN

GLAS
LONGDRINKGLAS

Eiswürfel in das Longdrinkglas geben. Gin, Wermut und Olivenlake hinzugeben, mit Tonic Water auffüllen und mit Oliven garnieren.

MANHATTAN HIGHBALL

30 ml ROTER WERMUT
20 ml RYE WHISKEY
1 SPRITZER ANGOSTURA BITTER
2 ORANGENZESTEN
GINGER ALE

GARNITUR
ORANGENZESTE

GLAS
LONGDRINKGLAS

Kugeleis in das Longdrinkglas geben. Nacheinander Wermut, Whiskey, Bitter und Zesten hinzugeben. Mit Ginger Ale auffüllen und mit einer Orangenzeste garnieren.

BEIJING

50 ml ITAL. WEISSER WERMUT
40 ml LITSCHISAFT
20 ml LIMETTENSAFT
10 ml ZITRONENGRASSIRUP *(siehe Seite 199)*
TONIC WATER

GARNITUR
LOTUSBLÜTE ODER ORCHIDEE

GLAS
COUPETTEGLAS

Shaker mit Eis füllen. Alle Zutaten bis auf das Tonic Water hinzufügen und kräftig schütteln. In das Coupetteglas doppelt abseihen, mit Tonic Water auffüllen und garnieren.

WEST-ÖSTLICH

Mit asiatischer Litschi und Zitronengras sowie italienischem Wermut baut dieser Drink eine Brücke zwischen Fernost und Mittelmeer.

STATT GLÜHWEIN

Dieser Drink greift die Aromen der Weihnachts- und Winterzeit auf. Kräftiger Portwein und trockener Wermut treffen auf spritziges Ginger Beer. So »drinkable«, wie er ist, schmeckt der Lebkuchenmann auch nach dem Fest.

GINGERBREAD MAN

30 ml WEISSER WERMUT *(trocken)*
10 ml PORTWEIN *(Tawny)*
15 ml LEBKUCHENSIRUP *(siehe Seite 196)*
GINGER BEER
3 TROPFEN ORANGEN-OLIVEN-ÖL *(siehe Seite 196)*

GARNITUR

LEBKUCHEN
ORANGENZESTE

GLAS

COUPETTEGLAS

Shaker mit Eis füllen. Wermut, Portwein und Sirup darin kräftig schütteln. In das Coupetteglas doppelt abseihen und mit Ginger Beer auffüllen. Drei Tropfen Orangen-Oliven-Öl hinzufügen und garnieren.

Der Martini ist stets ein Spiel mit den Mengen: Das Verhältnis von Gin und Wermut prägt den Geschmack. Wer es süßer und kräuterbetont mag, nimmt mehr Wermut. Wer es trockener bevorzugt, reduziert den Anteil bis auf ein Minimum. Der trockenste Martini enthält einem Bonmot Churchills zufolge nur noch Gin, der aber neben einer Flasche Wermut gestanden haben muss. Und übrigens: Der ikonische Bond-Cocktail ist kein klassischer Martini, sondern der Vesper Martini mit Gin, Wodka und Aperitifwein.

MARTINI-COCKTAIL

50 ml GIN
10 ml WEISSER WERMUT *(trocken)*

GARNITUR
GRÜNE OLIVE MIT STEIN

GLAS
COUPETTEGLAS

Rührglas mit Eis füllen. Gin und Wermut hinzufügen und verrühren, bis der Martini möglichst kalt ist. In das Coupetteglas abseihen und garnieren.

ESPRESSO MARTINI

30 ml WODKA
20 ml ROTER WERMUT
1 KALTER ESPRESSO
10 ml ZUCKERSIRUP

GARNITUR

ZITRONENZESTE
KAFFEEBOHNEN

GLAS

COUPETTEGLAS

Shaker mit Eis füllen. Wodka, Wermut, Espresso und Zuckersirup hinzugeben und kräftig schütteln. In das Coupetteglas doppelt abseihen und garnieren.

COMEBACK-COCKTAIL

In den frühen 1990er-Jahren wurde gerne der Espresso Martini bestellt. Heute erlebt er seinen zweiten Frühling – so manche hippe Kaffeebar hat ihn wieder auf der Karte. Dieses Rezept bringt ihn mit Wermut zusammen – ein koffein- und aromenreicher Twist.

LIKÖR

SÜSSE TRADITIONEN

Wenn es um die Kombination aus Kräutern und Alkohol geht, hatten historisch betrachtet meistens Mönche ihre Hand im Spiel. So auch beim Likör.

In den klösterlichen Gärten wuchsen die Kräuter und Heilpflanzen nicht nur, hier tauschte man sich über ihre Wirkung aus, probierte unterschiedliche Zusammenstellungen und schrieb die Rezepte nieder, die sich Schritt für Schritt in Europa verbreiteten. So entwickelte sich ab dem 14. Jahrhundert das Wissen darüber, wie man die Wirkstoffe mithilfe des Alkohols aus den Pflanzen herauslösen und besser nutzbar machen konnte.

Natürlich schmeckte das leidlich bis gar nicht. Warum also nicht das Nützliche mit dem Geschmackvollen verbinden? Ausgefeilte Mixturen aus Kräutern und Gewürzen bildeten weiterhin die Basis, die nun einfach gesüßt wurde: erst mit Honig und schließlich mit Zucker, als der erschwinglich wurde. Für den Likör bedeutete das den lang ersehnten Durchbruch – die Preise fielen, die Bevölkerung in ganz Europa griff immer öfter zu der sich auftuenden neuen Geschmackswelt und prostete sich begeistert zu.

So ist es keine Überraschung, dass ein Likör heute in der Regel eine süße Angelegenheit ist, auch wenn man das beim ersten Nippen gar nicht unbedingt schmeckt. Tatsächlich stecken in einem Likör aber mindestens 100 Gramm Zucker pro Liter. Dabei ist es egal, ob es sich um eine Kräutervariante handelt oder ob die Spirituose auf Frucht(saft) basiert. Auch hier wird die gleiche Menge Zucker eingesetzt – bloß in Verbindung mit einem höheren Fruchtanteil.

SWEETER THAN SWEET

Wem das noch nicht gehaltvoll genug ist, der greift zu Cremelikören: Die Schokoladen-, Minz- oder Brombeerrezepte beflügeln mit 250 Gramm Zucker pro Liter selbst bei müdesten Menschen die Endorphinproduktion. Eine Ausnahme bildet der berühmte Crème de Cassis: Die schwarzen Johannisbeeren werden mit 400 Gramm Zucker pro Liter verarbeitet. Das wird nur noch getoppt vom Grande Crème mit 500 Gramm Zucker oder mehr – zumindest in der Theorie, denn faktisch trauen sich die Hersteller an diese Kategorie nicht heran.

Viele Likörsorten sind heute Kult. Und der Blick auf das Angebot beweist, wie erfinderisch mit dem Produkt und seiner Idee umgegangen wird. Die Tradition

3 FAKTEN

1. JEDER LIKÖR HAT MINDESTENS 100 GRAMM ZUCKER PRO LITER.
2. CRÈMELIKÖRE SIND NICHT ZWINGEND CREMIG, SONDERN DEFINIEREN SICH ÜBER MINDESTENS 250 GRAMM ZUCKER PRO LITER.
3. DER SPITZENREITER IST DER CRÈME DE CASSIS MIT 400 GRAMM ZUCKER PRO LITER.

der Klosterapotheke lebt im Magen- und Kräuterbitter weiter, von denen viele eher Likör sind als tatsächlicher Bitter, jener Geheimwaffe von Barkeepern weltweit. Die Rezepte mit aromatischen Kräutern, Wurzeln, Rinden und ausgewählten Fruchtessenzen eignen sich hervorragend dazu, Cocktails mit nur wenigen Spritzern geschmacklich zu verfeinern und zu perfektionieren. Wer also das Abendessen mit einem kräuterigen Likör krönend abschließt, kann danach an der Bar dem bitteren Twist weiter auf den Grund gehen.

Jeder Likör hat seine eigene Geschichte. Die oft üppig gestalteten Etiketten und altehrwürdig klingenden Namen haben sich keine Werbeabteilungen ausgedacht, sondern sie sind vielmehr Hinweis auf die lange Tradition eines Produkts, die in den Klostergärten begann und über die Jahrhunderte immer weiter verbessert wurde. Egal ob bitter, fruchtig, mit besonderer Kräuternote oder als Emulsion: Ein Schluck Likör ist nicht nur eine geschmackliche, sondern immer auch eine historische Exkursion. Und die Beliebtheit des Likörs heute beweist, dass die Mönche schon damals den richtigen Riecher hatten.

ALTE ERDE

40 ml KRÄUTERLIKÖR *(z. B. Valhalla)* + 2 BL PFLAUMENMUS + 10 ml VANILLESIRUP + 10 ml APFELESSIG + 3 THYMIANZWEIGE + MATELIMONADE *(z. B. MATE MATE)* | **GARNITUR** THYMIANZWEIG + GETROCKNETE PFLAUME | **GLAS** LONGDRINKGLAS | Shaker mit Eis füllen. Alle Zutaten bis auf die Matelimonade hinzufügen und kräftig schütteln. Eiswürfel in das Longdrinkglas geben. Den Inhalt des Shakers darin doppelt abseihen. Mit Matelimonade auffüllen und garnieren.

THE KRAUTS

Mit Kräuterlikören lassen sich tolle Drinks mixen. Weil sie aus vielen unterschiedlichen »Botanicals« hergestellt werden, werden diese je nach Geschmack mit entsprechenden Zutaten im Drink effektvoll hervorgehoben – würzig, trocken, herb, scharf, süßlich und noch viel mehr.

JAGDSCHLOSS 40 ml KRÄUTERLIKÖR *(z. B. Jägermeister)* + 3 EL GEMISCHTE BEEREN *(tiefgekühlt)* + 20 ml ZITRONENSAFT + 10 ml HIMBEERSIRUP + 20 ml ROTE-BETE-SAFT + GRAPEFRUITLIMONADE *(z. B. Ultimate Grapefruit)* | **GARNITUR** TIEFGEKÜHLTE BEEREN + GELBE BETE | **GLAS** TUMBLER | Shaker mit Eis füllen. Alle Zutaten bis auf die Grapefruitlimonade hinzufügen und kräftig schütteln. Eiswürfel in den Tumbler geben. Inhalt des Shakers darin doppelt abseihen, mit Grapefruitlimonade auffüllen und garnieren.

HUNTER'S MULE

40 ml KRÄUTERLIKÖR *(z. B. Jägermeister)* + 20 ml LIMETTENSAFT + 10 ml VANILLESIRUP + 2 SPRITZER ANGOSTURA BITTER + 4 cm GURKE + GINGER BEER | **GARNITUR** GURKENSTREIFEN + VANILLESTANGE | **GLAS** WEINGLAS | Alle Zutaten bis auf das Ginger Beer in das Weinglas geben und vorsichtig verrühren. Eiswürfel hinzugeben, mit Ginger Beer auffüllen und garnieren.

WILLY, WE ARE PROUD

40 ml KRÄUTERLIKÖR *(z. B. Fernet Branca)* + 10 ml ZUCKERSIRUP + 1 KALTER ESPRESSO + 3 ZITRONENZESTEN + TONIC WATER | **GARNITUR** ZIMTSTANGE | **GLAS** LONGDRINKGLAS | Likör, Zuckersirup, Espresso und Zesten in das Longdrinkglas geben und verrühren. Mit Tonic Water auffüllen, Crushed Ice hinzufügen und garnieren.

FANTASTISCH FLORAL

Zwei Drinks, die ihre Genießer in die Welt der Blüten- und Fruchtaromen entführen.

EN GUISE D'APPOINT

(Für zwischendurch)

40 ml CRÈME DE POIR *(z. B. Merlet)*
20 ml GIN
10 ml LIMETTENSAFT
10 ml BIRNENSIRUP *(siehe Seite 191)*
ELDERFLOWER TONIC

GARNITUR
WEISSE BLÜTEN
BIRNE

GLAS
COUPETTEGLAS

Shaker mit Eis füllen. Alle Zutaten bis auf das Elderflower Tonic hinzufügen und kräftig schütteln. Inhalt des Shakers in das Coupetteglas abseihen. Mit Elderflower Tonic auffüllen und garnieren.

LA BOISSON

(Der Trunk)

30 ml SLOE GIN *(z. B. Rutte Sloe Gin)*
10 ml ROTER VERJUS
10 ml LIME JUICE CORDIAL
TONIC WATER

GARNITUR
ROSA- UND ORANGEFARBENE BLÜTEN
SCHLEHEN

GLAS
COUPETTEGLAS

Shaker mit Eis füllen. Sloe Gin, Verjus und Lime Juice Cordial hinzufügen und kräftig schütteln. Inhalt des Shakers in das Coupetteglas doppelt abseihen. Mit Tonic Water auffüllen und garnieren.

DIE NUMMER EINS

1823 eröffnete James Pimm in London die »Pimm's Oyster Bar« und schenkte einen Absacker namens »House Cup« auf Basis von Gin aus. Diesem ersten Cup folgten weitere mit Whisky, Brandy, Rum und Wodka. Die sind heute fast in Vergessenheit geraten, aus der Nummer eins hingegen wurde eine eigene Spirituose – und der Drink dazu ist nicht nur bei den Zuschauern des Tennisturniers in Wimbledon äußerst beliebt.

PIMM'S CUP

35 ml PIMM'S
10 ml ZITRONENSAFT
2 ORANGENSCHEIBEN
2 ZITRONENSCHEIBEN
2 GURKENSCHEIBEN
5–7 BEEREN
GINGER ALE

GARNITUR

GURKENSTREIFEN
ORANGENZESTEN

GLAS

LONGDRINKGLAS

Alle Zutaten bis auf das Ginger Ale nacheinander in das Longdrinkglas geben. Eiswürfel hinzugeben, mit Ginger Ale auffüllen und garnieren.

ICH TRINKE MASTIKA

Schnaps aus Griechenland – da läge der ewige Ouzo nahe. Mastika hingegen ist ein echter Geheimtipp und wird bei Bartendern immer beliebter. Gewonnen wird er aus dem aromatischen Harz der Mastix-Pistazienbäume, die auf einigen griechischen Inseln wachsen, zum Beispiel auf Kos. Mastika gibt es mittlerweile auch bei uns im Handel zu kaufen. Mit Rosmarin, Limette und Soda wird er zum Kurzurlaub im Glas.

MEDICINE OF KOS

20 ml MASTIKA
25 ml LIMETTENSAFT
10 ml ROSMARIN-SALZ-SIRUP
(siehe Seite 197)
SODA WATER

GARNITUR
ROSMARINZWEIG

GLAS
LONGDRINKGLAS

Mastika, Limettensaft und Sirup im Longdrinkglas verrühren. Eiswürfel hinzugeben, mit Soda Water auffüllen und garnieren.

MOIN MOIN!

Ein nordisches Vergnügen: Kümmelschnaps und Dillsirup treffen auf Holunderblütenlikör.

HAMBURGER JUNG

40 ml KÜMMELSCHNAPS
20 ml ST-GERMAIN-LIKÖR
20 ml LIMETTENSAFT
10 ml DILLSIRUP *(siehe Seite 192)*
ELDERFLOWER TONIC

GARNITUR
HOLUNDERBLÜTEN
DILL

GLAS
LONGDRINKGLAS

Alle Zutaten bis auf das Tonic nacheinander in das Longdrinkglas geben. Eiswürfel hinzugeben, mit Elderflower Tonic auffüllen und garnieren.

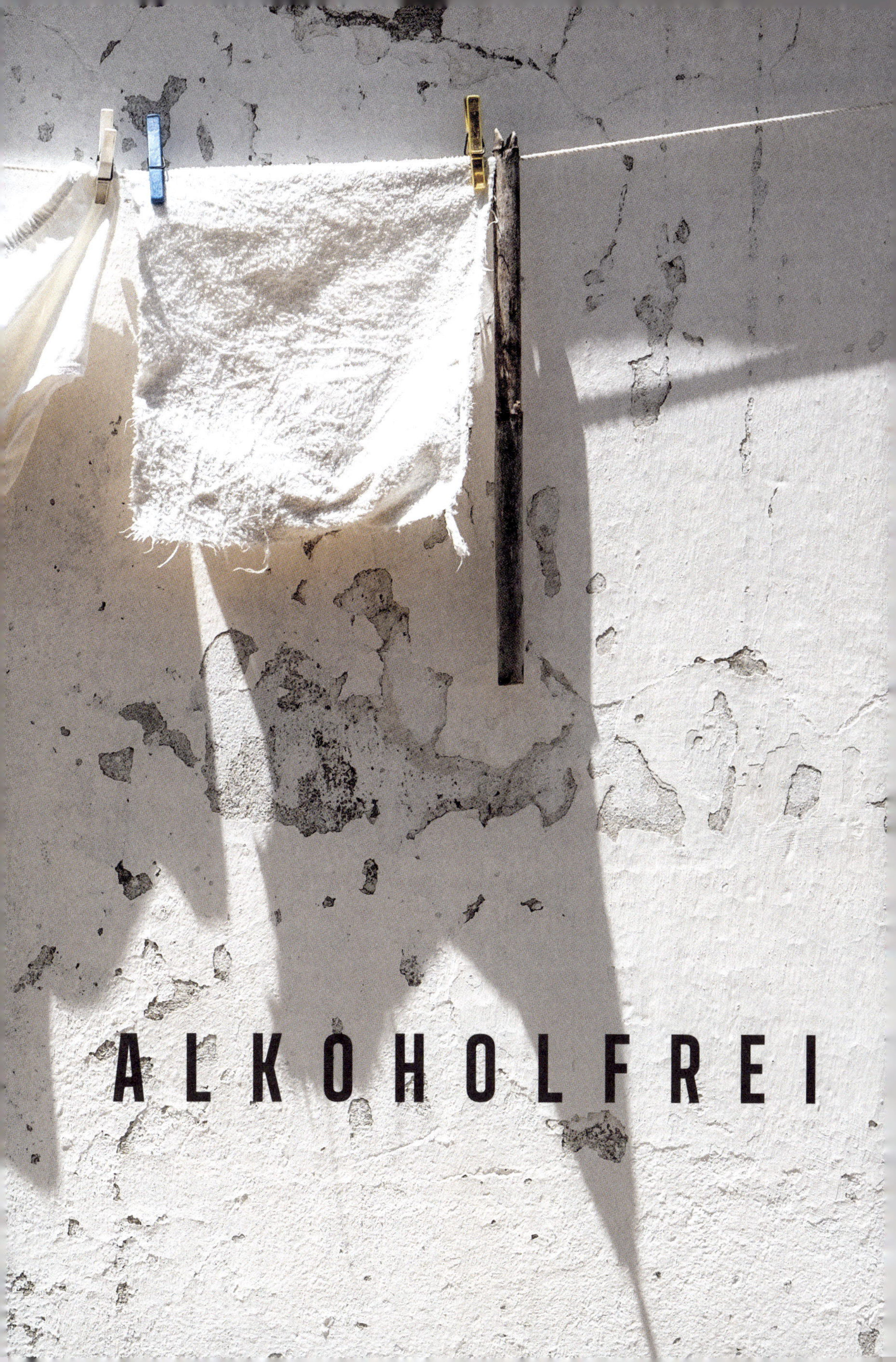
ALKOHOLFREI

OHNE IST DAS NEUE MIT: ALKOHOLFREIE DRINKS

Auf Bar- und Restaurantkarten führen alkoholfreie Cocktails, falls überhaupt welche angeboten werden, immer noch ein Schattendasein. Jetzt kommt jedoch Schwung in die Sache: Mehr und mehr Fine-Dining-Restaurants bieten eine sogenannte alkoholfreie Speisenbegleitung an – Drinks ohne Prozente und mit ausgewählten Zutaten, die geschmacklich ebenso auf den jeweiligen Gang abgestimmt sind wie die Weine aus dem hauseigenen Keller. Und immer mehr Bartender rund um die Welt finden Gefallen daran, gemischte Getränke »ohne« zu kreieren und ihre Gäste mit einem neuen Geschmack zu überraschen – schließlich gibt es viele Menschen, die selten oder nie Alkohol trinken und trotzdem einen Drink an der Bar genießen möchten. Auch an der Hausbar: Auf den nächsten Seiten treten elf Kreationen ins Rampenlicht – vom bekannten Ipanema mit Ginger Ale über den German Garden mit Roter Bete, Apfelessig, Mate und Buttermilch-Espuma bis zum erfrischenden Little Gürk mit Gurke, Waldmeister und Salz. Zum Wohl – des nächsten Morgens.

THE GERMAN GARDEN

75 ml ROTE-BETE-SAFT
5 ml APFELESSIG
5 ml BLÜTENHONIG
3 BL PFLAUMENMUS
MATELIMONADE *(z. B. MATE MATE)*

GARNITUR
BUTTERMILCH-ESPUMA
(siehe Seite 191)

GLAS
TUMBLER

Shaker mit Eis füllen. Rote-Bete-Saft, Essig, Honig und Pflaumenmus hinzugeben und kräftig schütteln. Eiswürfel in den Tumbler geben. Inhalt des Shakers darin doppelt abseihen. Mit Matelimonade auffüllen und mit Buttermilch-Espuma toppen.

IN VINO VERITAS

30 ml WEISSER TRAUBENSAFT
10 ml MANGOESSIG
2 EL ERDBEERMARMELADE
5 BLÄTTER MINZE
ELDERFLOWER TONIC

GARNITUR
ERDBEERMARMELADE AUF TEELÖFFEL

GLAS
TUMBLER

Shaker mit Eis füllen. Alle Zutaten bis auf das Elderflower Tonic hinzufügen und kräftig schütteln. Eiswürfel in den Tumbler geben. Inhalt des Shakers darin doppelt abseihen. Mit Elderflower Tonic auffüllen und garnieren.

PERSIAN SAND

70 ml FRISCHER MANDARINENSAFT
15 ml VANILLESIRUP
2–3 BL TAMARINDENPASTE
MANGOLIMONADE *(z. B. Mystic Mango)*

GARNITUR
ORANGENZESTE
TAMARINDE IN AUFGEBROCHENER SCHALE

GLAS
COUPETTEGLAS

Shaker mit Eis füllen. Alle Zutaten hinzugeben und kräftig schütteln. Inhalt des Shakers in das Coupetteglas doppelt abseihen, mit Mangolimonade auffüllen, garnieren und mit frischer Tamarinde servieren.

THE »I INVENTED IT!«

1 PASSIONSFRUCHT
80 ml MARACUJANEKTAR
15 ml VANILLESIRUP
30 ml SAHNE
MANGOLIMONADE *(z. B. Mystic Mango)*

GARNITUR
ANANASBLÄTTER
DICKER TRINKHALM

GLAS
MILCHSHAKEBECHER ODER
LONGDRINKGLAS

Fruchtfleisch aus der Passionsfrucht lösen. Shaker mit Eis füllen. Nektar, Sirup, Sahne und das Fruchtfleisch hineingeben und kräftig schütteln. Frische Eiswürfel in den Milchshakebecher geben. Inhalt des Shakers dorthinein abseihen, mit Mangolimonade auffüllen und garnieren.

LITTLE GÜRK

60 ml GURKENSAFT *(siehe Seite 193)*
15 ml WALDMEISTERSIRUP
1 PRISE SALZ
SODA WATER

GARNITUR
FEINE GURKENSPITZEN
ESTRAGON

GLAS
SMOOTHIEFLASCHE
ODER LONGDRINKGLAS

Alle Zutaten bis auf das Soda Water in den Blender geben und mixen. Etwas Crushed Ice in die Smoothieflasche geben. Inhalt des Blenders in die Flasche abseihen. Mit Soda Water und Crushed Ice auffüllen und garnieren.

MEXICAN ELBOW

30 ml LIMETTENSAFT
20 ml AGAVENDICKSAFT
1 PRISE SALZ
4 cm SALATGURKE
GRAPEFRUITLIMONADE
(z. B. Ultimate Grapefruit)

GARNITUR
LIMETTENSPALTE
SALZ

GLAS
LONGDRINKGLAS

Shaker mit Eis füllen. Alle Zutaten bis auf die Grapefruitlimonade hineingeben und kräftig schütteln. Longdrinkglas mit Salzrand versehen und danach Eiswürfel hineingeben. Inhalt des Shakers darin doppelt abseihen. Mit Grapefruitlimonade auffüllen und garnieren.

PANAMITO

2 HEISSE ESPRESSI
3 ZITRONENZESTEN
10 ml ZUCKERSIRUP
TONIC WATER

GARNITUR
ZITRONENZESTEN

GLAS
CAFÉ-WASSERGLAS

Shaker mit Eis füllen. Alle Zutaten bis auf das Tonic Water hineingeben und kräftig schütteln. Inhalt des Shakers in das Glas abseihen. Zwei Eiswürfel hinzugeben, mit Tonic Water auffüllen und garnieren.

»APERO« THE RED ONE

60 ml CRANBERRYNEKTAR
25 ml ZITRONENSAFT
10 ml HOLUNDERBLÜTENSIRUP
ELDERFLOWER TONIC

GARNITUR

HOLUNDERBLÜTENZWEIG

GLAS

COUPETTEGLAS

Shaker mit Eis füllen. Alle Zutaten bis auf das Tonic darin kräftig schütteln. Inhalt des Shakers in das Coupetteglas doppelt abseihen. Mit Elderflower Tonic auffüllen und garnieren.

LA PRINCIPESSA

30 ml PFIRSICHNEKTAR
5 ml ZUCKERSIRUP
10 ml ZITRONENSAFT
TONIC WATER

GARNITUR
ZITRONENZESTE
ROTE SCHLEIFE

GLAS
CHAMPAGNERGLAS

Nektar, Sirup und Zitronensaft in das Champagnerglas geben und vorsichtig verrühren. Mit Tonic Water auffüllen und garnieren.

SON OF A PREACHERMAN

30 ml APRIKOSENNEKTAR
10 ml LIMETTENSAFT
5 KAFFEEBOHNEN
GINGER ALE

GARNITUR
LIMETTENZESTE

GLAS
LONGDRINKGLAS

Aprikosennektar, Limettensaft und Kaffeebohnen im Longdrinkglas leicht muddlen, also vorsichtig zerstoßen. Frische Eiswürfel in das Longdrinkglas geben. Mit Ginger Ale auffüllen, vorsichtig umrühren und garnieren.

IPANEMA

4 LIMETTENACHTEL
2 BL WEISSER ROHRZUCKER
GINGER ALE

GARNITUR
LIMETTE

GLAS
TUMBLER

Limettenachtel mit Zucker im Tumbler leicht muddlen, also vorsichtig zerstoßen. Crushed Ice hinzugeben und mit Ginger Ale auffüllen. Vorsichtig umrühren und garnieren.

SHIRLEY TEMPLE

25 ml ZITRONENSAFT
10 ml GRENADINE
2 BL GRANATAPFELKERNE
GINGER ALE

GARNITUR
GRANATAPFELKERNE
MINZZWEIG

GLAS
LONGDRINKGLAS

Shaker mit Eis füllen. Alle Zutaten bis auf das Ginger Ale hinzufügen und kräftig schütteln. Eiswürfel in das Longdrinkglas geben. Inhalt des Shakers darin doppelt abseihen, mit Ginger Ale auffüllen und garnieren.

BASISREZEPTE

ANANASSIRUP

(für Hipster Colada)
500 g ANANAS IN STÜCKEN
300 g ZUCKER
300 ml WASSER

Alle Zutaten im Topf für 10 Minuten einkochen lassen. Danach abkühlen lassen und die Ananasstücke entfernen. In eine verschließbare Flasche umfüllen.

ASBACH-BACON FATWASHED

(für Freddy Bacon)
250 g BACON
750 ml ASBACH

Bacon in einer Pfanne knusprig anbraten. Pfanne vom Herd nehmen. Asbach hinzufügen und abkühlen lassen. Bacon entfernen und die restliche Flüssigkeit in eine verschließbare Flasche umfüllen. Flasche auf den Kopf stellen und für 8 Stunden gefrieren lassen. Nach dem Gefrierprozess die Flasche wieder auf den Boden stellen und auftauen lassen. Den Inhalt danach mehrfach durch ein Tuch sieben und erneut in die Flasche füllen.

BIERSIRUP

(für Herrengedeck)
500 ml BIER *(Pils)*
500 g WEISSER ZUCKER

Bier und Zucker in einem Topf zum Kochen bringen. Dann 6 Minuten köcheln lassen, währenddessen gut umrühren. Topf vom Herd nehmen und auskühlen lassen. Ausgekühlten Sirup in eine Flasche umfüllen.

BIRNENSIRUP

(für En guise d'appoint)
750 ml BIRNENNEKTAR
500 g ZUCKER

Nektar und Zucker 10 Minuten einkochen lassen. Abkühlen lassen, in eine verschließbare Flasche umfüllen und kalt lagern.

BRANDYKIRSCHE

(für Mrs. Fitzherbert)
KIRSCHEN
BRANDY

Kirschen mit Brandy bedecken und mindestens 3 Stunden im Kühlschrank ziehen lassen. Die Kirschen dem Brandy entnehmen und zügig verwerten. Der Geschmack lässt sich noch verfeinern, indem Zimtstangen, Anis und/oder Orangenzeste gemeinsam mit den Kirschen im Brandy eingelegt werden.

BUTTERMILCH-ESPUMA

(für German Garden)
150 ml BUTTERMILCH
60 ml ZUCKERSIRUP
2 EIWEISS

Alle Zutaten in den Siphon geben. Mit Gaskapseln füllen und kräftig schütteln.

CRANBERRYMARMELADE

(für Mexican Mule)
300 g CRANBERRYS
400 g GELIERZUCKER
100 ml CRANBERRYSAFT

Alle Zutaten in einem Topf 15 Minuten lang bei mittlerer Temperatur köcheln lassen. Die Marmelade in ein Einmachglas geben, Glas verschließen und kurz in einem Wasserbad abkochen.

CRANBERRYSIRUP

(für Moosbeere und Rauch)
300 g CRANBERRYS
500 g ZUCKER
500 ml WASSER

Alle Zutaten im Topf 10 Minuten kochen. Abkühlen lassen. Cranberrys entfernen und den fertigen Sirup in eine verschließbare Flasche umfüllen. Die gekochten Cranberrys können für die Herstellung der Cranberrymarmelade verwendet werden.

DILLSIRUP

(für Hamburger Jung)
300 g ZUCKER
350 ml WASSER
1 BUND FRISCHER DILL

Alle Zutaten im Topf 10 Minuten einkochen lassen. Abkühlen lassen, den Dill entfernen und den fertigen Sirup in eine verschließbare Flasche umfüllen.

Dill wird auch Gurkenkraut genannt. Dies lässt sich leicht merken, findet sich Dill doch auch in jedem Glas Gewürzgurken. Sein enorm fruchtiges und intensives Aroma ähnelt ein wenig dem von Fenchel. Dill stammt aus Vorderasien, wird heute allerdings weltweit angebaut. Er ist eines der wenigen Kräuter, die sich auch getrocknet in Drinks verarbeiten lassen. Zur Herstellung von Sirup sollte indes auf frischen Dill und dessen zügige Verwendung gesetzt werden.

GEWÜRZSIRUP

(für Pacific Tea)
5 LIMETTEN
10 g ZIMT
6 g ROTER PFEFFER
2 g KARDAMOM
2 STÜCK STERNANIS
1 PRISE KURKUMA
10 g INGWER
2 g GETROCKNETE VERBENE *(auch als Tee)*
200 ml WASSER
300 g ZUCKER

Limetten halbieren und mit allen anderen Zutaten in einen Topf geben. Kurz aufkochen und 10 Minuten sanft köcheln lassen. Topf vom Herd nehmen. Limettenhälften herausnehmen und den Sirup 1 bis 2 Stunden ziehen lassen. Danach durch ein Feinsieb geben, um die festen Bestandteile zu trennen. In ein verschließbares Gefäß umfüllen und kühl lagern.

GRANATAPFELSUD

(für Berliner Morgenröte)
250 g GRANATAPFELKERNE
100 g ZUCKER
2 TL APFELESSIG

Alle Zutaten in einer Schale gut vermengen und mit Folie abdecken. Über Nacht (mindestens 8 Stunden) im Kühlschrank ziehen lassen. In ein verschließbares Gefäß umfüllen.

GURKENSAFT

(für Mexican Cucumber und Little Gürk)
1 SALATGURKE
10 g ZUCKER
20 ml LIMETTENSAFT

Gurke in den Entsafter geben. Alternativ im Blender mixen und danach fein absieben. Zucker und Limettensaft hinzufügen und umrühren.

HONIG-LAVENDEL-SIRUP

(für English Breakfast Moment)
20 g GETROCKNETE LAVENDELBLÜTEN
250 g HONIG
500 ml WASSER
200 g ZUCKER

Lavendel, Honig und Wasser 3 Minuten im Topf aufkochen. Lavendelblüten aus dem Topf entfernen. Zucker hinzugeben und weitere 10 Minuten kochen. Dabei gelegentlich umrühren. Abkühlen lassen und in eine verschließbare Flasche umfüllen.

Lavendel stammt aus der Mittelmeerregion. In der Küche werden junge Blätter und weiche Triebe vor allem zur geschmacklichen Verfeinerung von Eintopf, Fisch und Geflügel eingesetzt. In der gehobenen Küche nutzt man Lavendel, um süßen Desserts eine besondere Note zu verleihen. Im Sirup sorgt Lavendel für ein florales Aroma. Die an Parfüm erinnernde Lavendelnote ist allerdings nicht jedermanns Sache, darum sparsam einsetzen!

HEUSIRUP

(für Heu Heu Heu)
250 g ZUCKER
350 ml WASSER
2 HANDVOLL HEU

Alle Zutaten in einem Topf 10 Minuten einkochen lassen. Abkühlen lassen, das Heu entfernen und den Sirup in eine verschließbare Flasche umfüllen.

HONEYCUP MILKPUNCH

(für Freddy Bacon)
2 ZITRONEN
3 LIMETTEN
400 ml ANANASSAFT
100 ml APFELSAFT
150 g ZUCKER
2 STANGEN ZITRONENGRAS
2 STERNANIS
1 ZIMTSTANGE
250 ml MANDELMILCH

Zitronen und Limetten klein schneiden. Mit allen anderen Zutaten bis auf die Mandelmilch in einem Topf aufkochen lassen. Topf vom Herd nehmen und Mandelmilch hinzugeben. Wenn die Milch zu flocken und sich abzusetzen beginnt, für 10 Minuten ruhen lassen. Anschließend die Masse vorsichtig durch ein Tuch passieren.

INGWER-ZITRONENGRAS-RUM-INFUSION

(für Wild Kitchen)
1 FLASCHE RUM *(0,7 l)*
3 STANGEN ZITRONENGRAS
25 g GESCHÄLTER INGWER

Flasche Rum öffnen und etwa 100 ml abgießen. Zitronengras und Ingwer in feine Stücke schneiden und in die Flasche geben. Alternativ Rum, Zitronengras und Ingwer in den Blender geben, fein pürieren und zurück in die Flasche geben. Flasche gut verschließen und für ca. 140 Minuten bei 65 °C in die Spülmaschine geben. Danach abkühlen lassen. Inhalt filtern, zurück in die Flasche umfüllen und kühl lagern

KAMILLENTEESIRUP

(für The Chamomile Lesson)
500 ml WASSER
100 g KAMILLENBLÜTEN
350 g ZUCKER

Wasser im Topf kurz aufkochen. Kamillenblüten hineingeben. 4 bis 5 Minuten ziehen lassen. Kamillenblüten danach entfernen. Zucker in die verbleibende Flüssigkeit geben und so lange einkochen, bis eine homogene Masse entsteht. Abkühlen lassen und in eine verschließbare Flasche umfüllen.

KOKOSNUSSCREMESIRUP

(für Hipster Colada)
250 g KOKOSCREME *(aus der Dose)*
150 ml KOKOSWASSER
400 g ZUCKER *(alternativ Palmzucker)*

Alle Zutaten bei mittlerer Temperatur 6 Minuten köcheln lassen. Abkühlen lassen und in ein verschließbares Gefäß umfüllen.

LEBKUCHENSIRUP

(für Gingerbread Man)
400 g LEBKUCHEN
500 ml MANDELMILCH
400 g BRAUNER ZUCKER

Lebkuchen zerbröseln. Mit Mandelmilch und Zucker in einen Topf geben und bei mittlerer Hitze 4 Minuten aufkochen lassen. Abkühlen lassen und den Sirup mit einem Tuch fein abseihen. In eine verschließbare Flasche umfüllen.

MAISSIRUP

(für Popcorn Corner aka PoCoCo)
285 g MAIS *(aus der Dose oder im Glas)*
200 g ZUCKER
200 ml WASSER

Alle Zutaten im Topf 10 Minuten einkochen lassen. Danach abkühlen lassen und die Maiskörner entfernen. In eine verschließbare Flasche umfüllen.

ORANGENMARMELADE

(für Lemon Sherbert)
400 g ORANGENFILETS
400 g GELIERZUCKER
20 ml ORANGENLIKÖR
2 SPRITZER ZITRONENSAFT

Alle Zutaten in einen Topf geben und bei mittlerer Temperatur 15 Minuten köcheln lassen. Die Marmelade in ein Einmachglas geben, verschließen und kurz im Wasserbad abkochen.

ORANGEN-OLIVEN-ÖL

(für Gingerbread Man)
2 ORANGEN FÜR 14 ORANGENZESTEN
500 ml OLIVENÖL

Orangenzesten aus beiden Orangen ziehen und über dem Olivenöl ausdrücken. Danach die Zesten hinzugeben. Das Öl samt der Orangenzesten über Nacht luftdicht stehen lassen und dann in eine Flasche füllen. Eine weitere Zeste hinzufügen.

ROSMARIN-SALZ-SIRUP

(für Medicine of Kos)
500 g ZUCKER
500 ml WASSER
2 BUND ROSMARIN
2 TL MEERSALZ

Alle Zutaten im Topf 10 Minuten einkochen lassen. Abkühlen lassen, den Rosmarin entfernen und den fertigen Sirup in eine verschließbare Flasche umfüllen.

Rosmarin stammt aus dem Mittelmeerraum, schon die alten Griechen hatten ein Faible für das Grün: Rosmarin galt in der Antike als Symbol für die Liebe und war die geweihte Pflanze der Aphrodite. In der Küche verwendet man Rosmarin dank seiner intensiven, deftigen und bitteren Note zum Würzen von Fleisch und Kartoffeln. Aufgrund seiner vielfältigen Einsatzmöglichkeiten empfiehlt sich der Kauf im Topf. Das waldig-tannige Aroma sorgt für eine deftige Note im süßen Sirup.

ROTWEIN-CUVEE-SIRUP

(für New York »In the Sheets« Sour)
200 ml ROTWEIN *(können auch Reste sein)*
100 ml WASSER
300 g ZUCKER

Alle Zutaten in einen Topf geben und 5 bis 6 Minuten einkochen lassen. Abkühlen lassen und in eine verschließbare Flasche umfüllen.

RUNNY HONEY

(für Hasen und Bienen, Bee's Knees, Bourbon Milkpunch, Raspberry Mist)
500 g HONIG *(z. B. Akazienhonig)*
500 ml WASSER

Honig und Wasser im Topf kurz aufkochen und ca. 3 Minuten einkochen lassen, bis eine homogene Masse entsteht. Auskühlen lassen und in eine verschließbare Flasche umfüllen.

SALZ-LIMETTEN-ESPUMA

(für Berliner Morgenröte, Herrengedeck)
100 ml WASSER
60 ml LIMETTENSAFT
5 PRISEN SALZ
2 EIWEISS

Wasser, Limettensaft und Salz in einem Topf aufkochen und 8 Minuten langsam einkochen lassen. Topf vom Herd nehmen und auskühlen lassen. Ausgekühltes Limetten-Salz-Wasser in einen Siphon geben. Eiweiß hinzufügen. Siphon mit Gaskapseln füllen und kräftig schütteln.

SALZKARAMELLSIRUP

(für Jerusalem)
500 g ZUCKER
250 ml WASSER
8–10 PRISEN SALZ

Zucker langsam im Topf schmelzen, bis er eine hellbraune Farbe bekommt. Wasser vorsichtig hinzufügen. Gemeinsam einkochen lassen. Temperatur reduzieren und Salz hinzugeben. So lange rühren, bis eine homogene Masse entsteht. Abkühlen lassen und in ein verschließbares Glas umfüllen.

SESAME-FATWASHED SCOTCH

(für Jerusalem)
65 g WEISSER SESAM
500 ml SCOTCH WHISKY
60 ml SESAMÖL

Sesam schonend in einer Pfanne rösten. Whisky und Sesamöl hinzufügen. Abkühlen lassen und in eine verschließbare Flasche umfüllen. Diese auf den Kopf drehen und für 6 Stunden gefrieren lassen. Nach dem Gefrierprozess die Flasche wieder auf den Boden stellen und auftauen lassen. Den Inhalt danach durch ein Sieb abseihen und erneut in die Flasche umfüllen.

VANILLE-ESPUMA

(für White Russian)
2 EIWEISS
70 ml VANILLESIRUP

Eiweiß und Sirup in einen Siphon geben.
Siphon mit Gaskapseln füllen und kräftig schütteln.

Vanille gehört zur Familie der Orchideen und ist im Mittelmeerraum und auf Madagaskar zuhause, dem Mythos nach sollen aber schon die Azteken in Mexiko ihren Tribut an den Herrscher Itzcóatl in Vanille gezollt haben. Die Region Veracruz am Golf von Mexiko gilt heute als die Wiege der Vanille. Vanillearoma ist in der Lebensmittelindustrie beliebt und weit verbreitet, allerdings wird dabei nur selten echte Vanille verwendet, denn die Vanillestange ist nach Safran das zweitteuerste Gewürz der Welt.

ZITRONENGRASSIRUP

(für Beijing)
4 STANGEN ZITRONENGRAS
50 g GESCHÄLTER INGWER
400 ml WASSER
400 g ZUCKER

Zitronengras und Ingwer klein schneiden. Mit Wasser und Zucker im Topf aufkochen und 5 Minuten köcheln lassen. Abkühlen lassen, mithilfe eines Küchentuchs fein abseihen und in eine verschließbare Flasche umfüllen.

Zitronengras kommt in Asien und Südamerika vor, der genaue Ursprung ist bis heute unbekannt. In den tropischen Gebieten Asiens wächst das Süßgras in praktisch jedem Garten und ist damit fester Bestandteil der dortigen Kulinarik. Das Aroma erinnert unverkennbar an die namensgebende Zitrusfrucht. Die Pflanze selbst hat mit dieser allerdings nichts zu tun.

ZUTATEN VON A BIS Z

Ein guter Drink beginnt oft mit den Zutaten, die im Kühlschrank darauf warten, endlich verbraucht zu werden. Das ist nachhaltig, spart Zeit, lädt zu Experimenten ein und ist natürlich lecker.

TONIC WATER

REZEPTREGISTER

Thomas Henry

Seit 2010 wird bei Thomas Henry in Berlin am perfekten Erfrischungsgetränk geforscht – und das ausgesprochen erfolgreich. Die Geschichte der Experten für Bitterlimonaden begann mit den klassischen Bar-Sodas: Tonic Water, Bitter Lemon, Ginger Ale und Soda Water erfreuten sich unter Bartendern von Beginn an großer Beliebtheit. Gleichzeitig kam Thomas Henry mit Spicy Ginger, dem ersten Ginger Beer aus Deutschland überhaupt, dem Wunsch der Bar-Zunft nach noch mehr Vielfalt nach – getreu dem Unternehmensmotto: »Für die besten Drinks, in den besten Bars«. Es folgten drei Tonic-Variationen, die dem König der Longdrinks, dem Gin & Tonic, zu neuer Geschmacksdynamik verhelfen: Elderflower Tonic, Cherry Blossom Tonic und das Coffee Tonic mit kalt extrahiertem Kaffee. Die fruchtigen Limonaden Mystic Mango und Ultimate Grapefruit sowie die MATE MATE, die mit 150 mg Koffein pro Flasche den Extrakick für alle Gelegenheiten bietet, komplettieren die aktuelle Range.

Die Produkte von Thomas Henry stehen für die besten Zutaten und eine einzigartige Zubereitung. Das garantiert den vollen Genuss – pur oder im Longdrink. Zudem spiegelt dies die Vision des Namensgebers perfekt wider: Dem Apotheker Thomas Henry gelang es 1773 im nordenglischen Manchester erstmals, Wasser mit Kohlensäure anzureichern – damit legte er einen Grundstein nicht nur für das heutige Soda Water, nicht nur für die Vielfalt an Limonaden, sondern auch für die weltweit florierende Bar-Kultur. Diesem Pioniergeist fühlt sich das Berliner Unternehmen auch heute noch verpflichtet.

BIBLIOGRAFISCHE INFORMATION DER DEUTSCHEN NATIONALBIBLIOTHEK
Die Deutsche Nationalbibliothek verzeichnet diese Publikation in der Deutschen Nationalbibliografie. Detaillierte bibliografische Daten sind im Internet über http://dnb.d-nb.de abrufbar.

Für Fragen und Anregungen: info@rivaverlag.de

1. Auflage 2019

Nymphenburger Straße 86
D-80636 München
Tel.: 089 651285-0
Fax: 089 652096

In Kooperation mit:
THOMAS HENRY GMBH & CO. KG
Bessemerstraße 22
D-12103 Berlin
www.thomas-henry.de

AUTOREN: Benedikt Bentler, Thaddeus Herrmann, Ji-Hun Kim, Phum Sila-Trakoon, Jan-Peter Wulf
REDAKTION: Dr. Kirsten Reimers
FOTOGRAFIE UND BILDKONZEPT: Katja Hiendlmayer
BILDQUELLENNACHWEISE: Fotos von Katja Hiendlmayer mit Ausnahme von S.30 iStock.com/da-kuk, S.31 iStock.com/LazingBee, S.31 iStock.com/shipshit, S.31 iStock.com/tc397, S.32 iStock.com/Stieglitz, S.32 iStock.com/MagMos, S.32 iStock.com/Solidago, S.32 iStock.com/FerhatMatt, S.33 iStock.com/Olivades, S.33 iStock.com/EasyBuy4u, S.35 iStock.com/DustyPixel, S.35 iStock.com/anna1311, S.35 iStock.com/Dimitris66, S.35 iStock.com/Barcin, S.35 iStock.com/Dimitris66, S.35 iStock.com/peangdao, S.36 iStock.com/Dimitris66, S.36 iStock.com/Josef Mohyla, S.36 iStock.com/RusN, S.36 iStock.com/Dimitris66, S.36 iStock.com/gradts, S.36 iStock.com/baronvsp, S.37 iStock.com/gbrundin, S.37 iStock.com/Givaga, S.37 iStock.com/Dimitris66, S.37 iStock.com/anna1311, S.37 iStock.com/Dimitris66, S.38 iStock.com/number1411, S.41 iStock.com/augustproject, S.62–63 iStock.com/Olha Rohulya, S.65 iStock.com/Robinbob, S.76–77 iStock.com/fotokon, S.78 iStock.com/CSA-Printstock, S.90–91 iStock.com/spooh, S.92 iStock.com/Global_Pics, S.104–105 iStock.com/Nachteule, S.106–107 iStock.com/BaronVisi, S.118–119 iStock.com/traffic_analyzer, S.120–121 iStock.com/Nastasic, S.134–135 iStock.com/SeppFriedhuber
DRINKSTYLING: Olaf Matthey
UMSCHLAGGESTALTUNG: Denis Held
LAYOUT, SATZ UND GESTALTUNG: Denis Held
IDEE UND PROJEKTLEITUNG: Jan Hoppe
MIT DANK AN: Sabine Kauz für die Glaswaren (tistra.de), Dotcity Berlin, Restaurant Ela, Bürkner Eck
DRUCK: Florjancic Tisk d.o.o., Slowenien
PRINTED IN THE EU

ISBN Print 978-3-7423-1138-2
ISBN E-Book (PDF) 978-3-7453-0828-0
ISBN E-Book (EPUB, Mobi) 978-3-7453-0829-7

Weitere Informationen zum Verlag finden Sie unter
www.rivaverlag.de
Beachten Sie auch unsere weiteren Verlage unter www.m-vg.de